# 安いニッポンから
# ワーホリ!

## 最低時給2000円の国で夢を見つけた若者たち

上阪 徹

東洋経済新報社

# はじめに

衝撃の事実が次々に紹介されていった。

- 農場での実働6時間のブルーベリー摘みアルバイトで、月収50万円。夕方からはビーチでサーフィン。
- ローカルカフェでのアルバイト収入は週給10万円。月収にすると、アルバイトの収入だけで40万円以上に。
- 残業なしの介護アシスタントで月収80万円。日本を離れてわずか9か月で貯金は270万円。

2023年2月1日に、NHK総合テレビの『クローズアップ現代』で「〝安いニッポンから海外出稼ぎへ〟～稼げる国を目指す若者たち～」というタイトルで放映された番組は、オーストラリアで働く日本の若者たちを紹介していた。

衝撃だった。オーストラリアの最低賃金は時給21・38豪ドル（番組放送時）。日本円で約2000円。これが最低賃金なのだ。日本の約2倍。だから、カフェのアルバイトでも月収が40万円、50万円にもなるという。

そして番組冒頭に流れていたのは、そんな若者たちに「海外へ行こう」と紹介していた説明会の映像だった。コロナ禍はまだ明けきっていなかったが、マスクをつけた若者たちで会場は満員。スタッフに説明を求める行列ができ、熱気に溢れていた。


「日本の2倍以上の時給ですから。びっくりしました」

「未来がないですよね、日本には」

「あれだけ稼げたら、夢があります」


後に同じ企画の説明会を訪れることになるが、参加していた若者たちからは、次々にこんなセリフが聞こえてきた。

オーストラリア、カナダ、ニュージーランド……。コロナ禍が明けた今、日本を飛び出し、海外に目を向ける若者たちが増えている。実はNHKの番組放映の前年夏から、若者たちの間ではSNSで話題になっていたのだ。

というのも、実際に「稼いでいた」若者たちがSNSを使って、自分たちの稼ぎをレポートしていたからである。中には給与明細をアップしている若者もいた。

それにネットメディアが飛びつき、さらに民放の人気番組やニュース番組が飛びつき、とうとうNHKまでもが取り上げることになったわけだ。

若者たちが活用していたのは、「ワーキングホリデー（ワーホリ）制度」だ。詳しくはこの本の中で語っていくが、端的に言えば、国と国とが契約を結び、お互いの国の若者たちが一定期間、現地で過ごすことができ、かつ働くこともできるという制度である。

40年以上前という古くからある制度だが、20歳前後をバブル全盛期に過ごした50代の私のイメージは「お金持ちの子息たちが就職前のモラトリアムとして遊びに行く場」というものだった。まったくガツガツするようなものではなかった。もとより、当時は現地で働く時給は魅力的なものとは言えなかった。

それが今や、まったく違うものになっていた。若者にとって「稼げる場」になっていたのだ。

背景の一つにあるのは、日本の〝安さ〟である。この30年間、世界の国々では経済成長に伴って、働く人々の賃金が上がっていった。アメリカやイギリスでは、約1・5倍に。オーストラリアは約1・4倍、ドイツやフランスも約1・3倍になっている。

ところが、日本の実質賃金の伸び率は2％。30年間、ほとんど増えていないのである。ＯＥ

**主要国の実質平均賃金の推移（1991年＝100）**

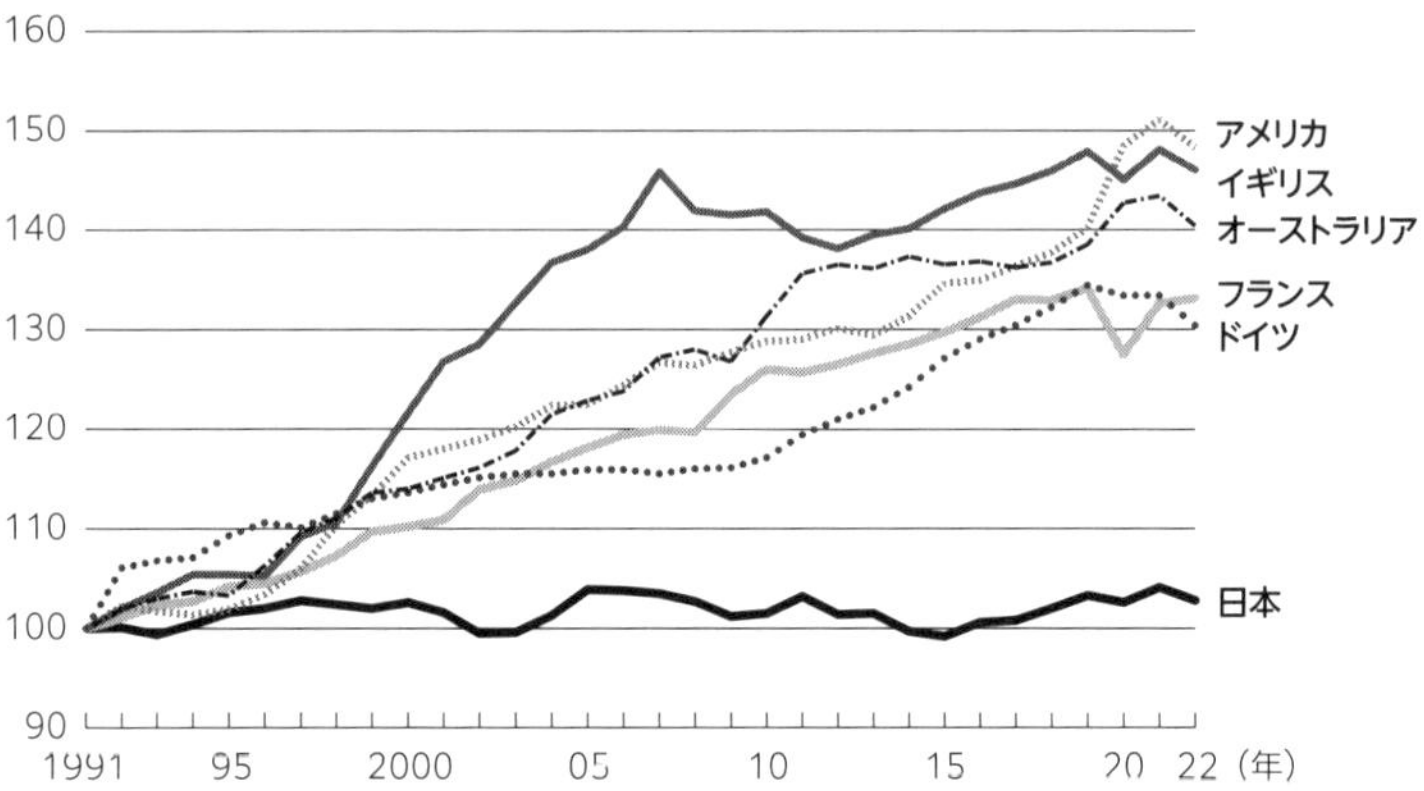


（出所） OECD.Statのデータをもとに作成。

ＣＤ38か国の中でも、日本の賃金水準は今や21番目の水準になってしまっている。そこに加えて、ここ数年は急激に円安が進んだ。円の価値が下がり、相対的に海外で稼ぐことが大きな魅力になったのだ。

もちろん、海外は賃金水準と同じように物価水準が高いのも事実。オーストラリアも物価は高い。だが、家賃や食費などをうまくやりくりすれば、〝安いニッポン〟にいるよりも、はるかに貯金ができる。

実際、1年間で200万円以上貯めた、300万円貯めた、といったワーホリの若者たちもいる。それほどまでに〝賃金が高い〟ことは魅力なのだ。

ただ、本当のところはどうなのか。

今の若者たちの「本当のリアル」を知りた

く、国内で、またオンラインで、さらにはオーストラリア・シドニーで、関係するさまざまな人たちに取材を試みた。

そしてわかったのは、テレビが切り取っていたのは、若者たちが海外に向かうことの、ほんのほんのごく一部だったということである。

例えば、ＮＨＫの番組のタイトル通り、まさしく「出稼ぎ」に見えた農場での労働には、実は理由があった。オーストラリアでは、ワーホリで行って約３か月、農場で働けば、原則１年のワーホリが、２年目も滞在できるようになる仕組みになっていたのだ。

「日本人が異国に出稼ぎに行くようになってしまったのか。しかも農場で……」などという中高年の嘆きもあったようだが、それはまったくピント外れな感想だったのだ。

さらに２年目に約６か月、農場で働けば、３年目も滞在できる。最長３年、滞在するために、あえて農場で働いている若者たちも少なくなかったのである。無理矢理、農場で「出稼ぎ」していたわけではなかったのだ。

また、たしかに稼ぐことができるが、それは「あくまで結果的にそうだっただけ」という若者たちも少なくなかった。

彼らが求めていたのは、お金ではなかった。閉塞する日本を離れ、新天地に身を置くことで、新しい人生、日本では得られない人生を拓こうとしていたのだ。

そして実際に、かけがえのない体験を得て、人生を大きく変えていった若者も少なくなかった。ワーホリを終え、現地の専門学校に入る。大学に進学する。就職する。起業する。永住権を獲得した人たちもいた。彼ら彼女らが得たのは、「人生は自分で切り拓いていける」という事実だった。

もちろん一方で、甘っちょろい考えでいたら、吹き飛ばされてしまうのが、日本以外の地である。そこには、世界中から人々が押し寄せ、厳しい競争にしのぎを削っているのだ。誰もが当たり前に稼げるわけではない。誰もが簡単に人生を拓けるわけではない。うまくいっている人たちには、もちろんそれなりの理由があった。

海外での「稼ぎの大きさ」への驚きから始まった取材の旅の結論は、これである。

## 若者たちよ、今こそ海外へ出よう！

私は国内外でさまざまな取材をしてきたが、こんなにワクワクする取材は久しぶりだった。ワーホリでいかに自分の人生が変わったか、こんな世界があって驚いた、自分が本当にやりたいことが見つかった、と嬉々として語ってくれた若者たちの表情の素晴らしさ。

もっと多くの若者が海外に行けばいいのに、と真剣に思った。働くもよし、仲間をつくるもよし、旅行するもよし。ワーホリなら、本当にいろんなことができるのだ。そして改めて世界の広さを、人生の面白さを、その可能性を思った。

稼げるから、ではない。日本で普通に暮らしていたのではなかなか起こることのない、大きな「マインドチェンジ」が起こせる可能性が高いからだ。人生観を変えられる、生きる価値観を変えられるからだ。

実は私自身もそうなのだが、このことに気づいている親世代は、子どもたちに海外行きを勧めている事実がある。

いずれにしても、じっとしていても、何も変わらない。

日本を嘆いていたところで、誰もあなたの、あるいはあなたがかかわる人の人生を変えてはくれない。

だったら、思い切って、飛び出してみることだ。

もう未来にビクビクすることはなくなる。

それを世界は教えてくれる。

自分次第で、未来は明るいものにできる、ということも。

目次

## 第2章

# なぜ仕事を辞めてワーホリに？

## 現地でリアルな声を聞いてみた

## 第3章

# 進学、起業、国際結婚
## ワーホリで見つけた新しい生き方

# 第4章 ワーホリを希望する若者たち
## 説明会でリアルな声を聞いてみた

## 第5章

# 英語、英語、英語
# ワーホリに絶対に必要なスキル

## 第6章

# なぜ、オーストラリアの最低賃金は高いのか？
## 先進国で進む激しい人材獲得競争

# 第7章

# ワーホリで得られる10のこと
## 海外チャレンジする人だけが手にするもの

第1章

# 毎日が、人生が、変わった！

## ワーホリを決断した若者たち

# 世界中から若者が集まる美しい街

南半球にあるオーストラリアの気候は、日本とちょうど真反対になる。2023年6月、ムシムシとした梅雨空の日本から向かったシドニーで待っていたのは、ひんやりカラッとした快晴の青空だった。

シドニーは人口約500万人を数えるオーストラリア随一の大都市。国際空港から車で40分ほど走り、降り立ったのは、タウンホールと呼ばれるエリア。大企業や金融街、ホテル、デパートなどが集まっているシドニー中心街だ。

街の中央にあるのは、19世紀後半に建てられたビクトリアバロック風の建物、タウンホール。時計塔が目印のシドニー市役所である。この地下にあるタウンホール駅は、多くの路線が乗り入れている地下鉄の駅になっている。タウンホールの脇には、1868年に完成したというゴシックリバイバル様式の大聖堂があった。

だが、周辺は高層の近代的な建物もひしめき、ジョージ・ストリートと呼ばれている大きな通りには流線型の近代的な路面電車が走っていた。通りに沿って建てられているのは、クイーン・ビクトリア・ビルディング（通称Q・V・B）。

1898年にマーケットとして建てられた建造物を大改修して、当時の趣を残しながらショッピングセンターとして生まれ変わったのだという。ロマネスク様式の建物で、外壁は玄武岩、中の階段には大理石のモザイクタイルを使用するなど、豪華なつくりになっている。

美しい街だと聞いていたが、想像以上だった。たしかに英国調の街並みとモダンな高層ビルは見事なバランスだ。しかも、ちょっと足を延ばせばハイドパークと呼ばれる大きな公園があり、緑がとても豊か。シドニーといえば、写真によく登場する海沿いのオペラハウスも、歩いて十数分で行ける。

そして行き交う人々を見ていると、オーストラリアという国が本当に移民の国だということがわかる。人種のるつぼという言葉は過言ではない。東南アジア、インド、中国、韓国、中東、アフリカ、中南米……。まさに、本当にいろいろな国の人たちが、ここに集っている印象だ。

加えて、経済がしっかり成長している国のなせるわざか、また若者が多いエリアだったからか、なんとも明るく開放的な雰囲気を感じた。誰も下を向いて歩いている人はいない。また、到着したばかりの「外国人」をジロジロ見るようなこともない。

日本ではまだ多くの人がマスクをしていたタイミングだったが、誰もマスクをしていないことも印象的だった。

ビジネス、ローカル、買い物客、観光客など、人でひしめくエリアに来たのには、理由がある。この街に、数多くの語学学校があるからだ。母国語が英語であるオーストラリアには、世界中から英語を学びに人々がやってくる。

日本人も同様である。近年、日本から若者がワーキングホリデー制度（ワーホリ）でオーストラリアにやって来る理由として、「英語を学びたいから」というケースは少なくない。そして多くの若者たちは、このエリアにある語学教室から滞在をスタートさせる。

この女性も同じだった。NHKの『クローズアップ現代』に登場し、オーストラリアでの衝撃の収入を明らかにしてくれた人物である。

## 介護のアルバイトで月収80万円！

タウンホールにある語学学校「MIT Institute（MIT）」の協力を得て、最初にシドニーでインタビューをさせてもらった若者は、藤田秀美さん（27歳）だ。

看護師として4年勤務した後、2022年4月にワーホリでオーストラリアにやってきた。NHKの番組に登場したのは、それから1年も経っていない2023年2月のことである。

藤田さんが番組で明らかにしたのは、驚くほどのアルバイト収入だった。スマホの画面に映し出されたのは、週給2488・36豪ドルという数字。日本円で、約22万4000円だ。週給である。月収にすると、80万円以上になる。

日本の介護職の平均月収は25万円ほど。ところがオーストラリアでは、時給のアルバイトで3倍以上になることもあるというのである。それにしても20代の若い介護職のアルバイトで月収が80万円なのだ。

実は藤田さんは前年の秋にも日本テレビの『真相報道バンキシャ！』にも出演して収入を明らかにしており、番組放映後にネット上で大きな話題になった。

だが藤田さん、収入を求めてオーストラリアに来たわけではまったくなかった。

「勤務していた病院には、外国人の患者さんもいました。ところが、英語でうまく対応することができなかったんです。病院全体でも英語を話せるスタッフはいなくて。これから自分にできることはなんだろうと考えたとき、英語ができる看護師が浮かびました」

そう思い立ったのは、看護師1年目。2年目に留学エージェントへの相談を始め、ワーホリという制度を知った。4年目を終えたところを区切りにしようと考え、それまでに費用を貯めたり、英語をオンラインや通信講座で学んだり、と準備を進めた。

看護師の仕事はハードだと言われるが、そこから逃れることが目的だったわけではなかった。

「たしかに残業も多かったですし、つらさがなかったといえば嘘になります。でも、それ以上に看護師という仕事にやりがいを感じていました。英語ができるようになれば、もっと理想に近づくことができる。大事にしたのは、自分がどうなりたいか、でしたね」

これは後に詳しく書くが、藤田さんが参加したのは、留学エージェント、ワールドアベニューが企画した「有給海外看護インターンシップ」だった。オーストラリアでは、誰でも介護の仕事ができるわけではない。「アシスタントナース」の資格が必要になるのだ。

日本の看護師向けにその資格取得も含めたワーホリを企画したのが、このプログラム。資格取得後は、現地の介護士の派遣会社を通じて仕事も獲得できるようになっている。実はコロナ禍前から、看護師に人気のプログラムだった。そして、藤田さんは驚くことになる。

「最初に時給を提示されたとき、えっ？ こんなにもらっていいの？ と思いました。むしろ、こんなにもらえるなら、がんばって働かないと、と思いましたね（笑）」

なんとも日本人らしい反応だが、働き始めて驚いたのは、収入だけではなかった。びっくりするほど働きやすかったからだ。

「オーストラリアでは働く人が、とても大事にされていました。残業はまったくないし、休憩もしっかり取る。社員は休日も取りやすい。アクセクもしていない。私が日本の感覚で働いていたら、『あなたマジメすぎよ。もっと休みなさい。はい、ティーでも飲んで』みたいな感じでした（笑）」

## 稼ぐことができたら、新しい夢が見えてきた

藤田さんの目的は、あくまで英語ができるようになることだった。だが、その英語にいきなり苦戦を強いられた。

「学校では先生がゆっくり話してくれますが、外に出て生の英語をバーッと話されるとわから

ない。リスニングがダメで、何回も聞き直していました」

そこで、語学学校に通ってアシスタントナースの資格取得を進めていた最中もアルバイトをすることにした。もっと英語を使える環境に身を置きたかったからだ。

「最初は日本食のオムライス屋さん。このときも時給は日本の倍以上ですから、びっくりして。キッチンでしたが、いろんな国の人がいたので、英語でコミュニケーションを取るように心掛けました」

アルバイトが面白くなり、パン屋、焼肉店、さらにはバーでも働くようになった。この頃には、すでにアルバイトだけで月収が約40万円。病院に勤務していた頃の手取り金額を超えるようになった。

そしてアシスタントナースの資格を取得してからは、派遣会社を通じて介護の仕事をするようになる。多くは高級老人ホームへの派遣だ。

「老人ホームで直接、雇用されているスタッフが少なくて、どの施設も人手不足なんです。それで、どこどこの施設でスタッフが足りなくなった、となれば派遣会社に連絡が行き、私たちに打診が来る、という仕組みでした」

常勤している人たちは、休みが取りやすいと書いたが、それはつまりその代わりがすぐに見つかるシステムがある、ということを意味している。これがまさに、介護スタッフの派遣会社の存在だ。

「9月は派遣スタッフの人数が少なかったこともあって、1週間先までシフトが埋まってしまうこともありました。また、その後は急に連絡が来ることもありました。当日の朝4時に連絡があって、朝6時から来られないか、とか。仕事を断ったら申し訳ない、という気持ちもあって、手当たり次第に引き受けるようになりました」

これは他の仕事もそうだが、オーストラリアでは休日や夜間に働くと、時給が割増しになる。だが、日本で看護師をしていた感覚でいえば、休日や夜間に働くことは、なんてことはなかった。

「英語を学びに来ているので、意味のない時間をつくりたくなかったんです。働きに出ることで、英語を話す機会を獲得することができるんですよね。家で何もせずにのんびり過ごすよりも、どんどん働きに行って英語も使うのが自分にはいいな、と思って、それで目一杯働くようになったんです」

そうは言っても、無理をしていたわけではない。時給が日本円で4000円超だった。夜勤や休日勤務には割増しがつく。しかも、仕事は日本の看護師ほどハードでもない。物価の高いシドニーでも毎月40万円、50万円と貯金ができるようになった。

そしてお金ができたことで、もっといろんなことができるのではないか、と思えるようになったと語る。

「NHKの取材で話した『訪問看護ステーションを自分でつくってみたい』というのも、そうです。どこかに属するのではなく、自分でつくるという夢は日本では持てなかったと思いました」

目指すは、残業がない、休みが取りやすい、といったオーストラリアの働きやすさを取り入れた訪問看護施設だ。

## 自分次第でどうにでもなる、と知った

2022年11月、藤田さんは日本テレビの『真相報道バンキシャ!』にも出演しているが、それはバイト先の同僚の知り合いからの依頼だったという。

「オーストラリアのワーホリ事情を取材したいから、という話があって、もしよかったら気軽にインタビューを受けてくれないか、と。電話でコメントするくらいのものだと思っていたら、怒濤の取材で1日密着とかになって。驚きました」

番組はユーチューブにもアップされ、一気にネットで拡散。これが大きくバズって大きな話題になった。その後、NHKの出演の話が来た。

「一度、話していますから、もういいんじゃないかと思っていたんですが、聞きたいということでしたので。でも、私と同じような稼ぎの人はたくさんいたんですよ。稼いだお金を使って旅行にバンバン行っていた人もいたし。それこそ、私以上に稼いでいる人もいました」

ちなみにNHKで映されていた藤田さんの働いていた老人ホームは、かなり高級に見えた。高い報酬を介護士に払えるということは、運営にもそれなりの費用をかけられている施設だということだ。

「いろいろなところに行きましたが、もっと大きくてホテルみたいな施設もありました。リッチな方もたくさんおいででした。老人ホームでワインをたしなんでいる人がいたり。日本では考えられないかもしれません」

2023年3月末でワーホリの期間は過ぎたが、まだまだ国には必要な人手が足りないと判断したオーストラリア政府が「パンデミックビザ」を出した。ワーホリで来ていた若者たちも雇用先が決まっていれば、そのビザで最長1年の滞在延長が可能になったのだ。そのビザを使い、藤田さんは、新しいチャレンジに挑んでいた。

「ワーホリに来た目的は英語、もっといえば医療現場で使う英語だったんです。ただ、老人ホームだとどうしても身の回りの介助が中心になります。病名や薬に触れたりする機会や看護師さんとやりとりする機会も少ない。それで、やっぱり病院で働きたいと思うようになったんです」

持っているアシスタントナースの資格では、介護の仕事しかできない。しかし、それでも「病院で働きたい」という思いをあきらめなかった。

「日本で看護師をしていたという経験をアピールしながら、どうにか働かせてもらえないか、と就活をしたんです。50ほどの病院に履歴書を送ったら、会ってもらえる病院があって。まさに6月から看護師の補助として働かせてもらっています」

実は総収入は下がった。それでも、目標だった医療現場で英語を使う日々が実現した。今は毎日、必死に医療英語を学びながら日々を過ごしている。

「私はもともとシャイで、人見知りで、外国人となんてとても話せない、という性格だったんです」

日本にいるときにオンラインで英語を学んだりして、ずいぶん変わったというが、海外に出てさらに変わった。

「誰も知らない人ばかりの中でも、自分次第でどうにでもなれるんだ、とわかったんです。それならもう、本当に動いたもの勝ちだな、と。それこそ、ワーホリは自分でお金を貯めてやってきて、時間も終わりが区切られているわけですから。1分1秒も惜しい、と今は思っています」

その藤田さん、実はNHKの番組出演をきっかけに、本人も想像もしていなかったという驚きの出来事が起きた。これは後に紹介する。

「大事なことは、目的です。自分の将来にどんなふうに活かしたいのか、という目的があれば、楽しいし、がんばれる。稼ぎながら、得られるものも大きくなる。目的を定めてきたときに、ワーホリはより充実すると思います」

## ワーキングホリデー制度って何だ？

そもそもワーホリとは何か。ここで改めて簡単に紹介しておきたい。ワーキングホリデー。その名のごとく、働きながら休日を過ごせる、というものだが、当該政府がビザを発行してくれるのだ。

本来は、文化交流を目的に、若い旅行者が長期休暇を取り、旅をしながら短期雇用で収入を得ることができる仕組み、である。

始まったのは、１９８０年。オーストラリアとの間で最初に制度ができた。その後、対象国はどんどん拡大し、今は29か国・地域になっている。

短期間の旅ならいざしらず、数か月など長期で休みを取って海外を旅するとなれば、まとまった資金が必要になる。もし、現地で働くことができれば、旅の資金にもなるし、現地の人たちとの交流も深められて一石二鳥、というわけである。

もちろん、働かなければいけないわけではない。まったく、あるいは、ほとんど働かずにワーホリ期間を過ごすことも可能。

私は50代だが、30年ほど前のワーホリといえば、このイメージだった。社会にまだ出たくない、お金に余裕のある若者たちがモラトリアム的に過ごす場所。あるいは、バックパッカーの

**ワーキングホリデー人気国の主な制度内容**

| | オーストラリア | ニュージーランド | イギリス | カナダ |
|---|---|---|---|---|
| 対象年齢 | 18～30歳 | 18～30歳 | 18～30歳 | 18～30歳 |
| 年間人数 | 制限なし | 制限なし | 1500人<br>抽選を実施 | 6500人<br>抽選を実施 |
| 滞在可能期間 | 1年間<br>条件により<br>2～3年間 | 1年間<br>条件により<br>3か月間延長 | 最大2年間 | 1年間 |
| 就学可能期間 | 4か月間まで | 6か月間まで | 制限なし | 6か月間まで |
| 就労可能期間 | 同じ雇用主の<br>もとで<br>6か月間まで | 制限なし | 制限なし | 制限なし |

猛者たちが活用しているケースもあったのかもしれない。

ワーホリの何よりのポイントは、若者に限定されている、ということだ。ビザの申請条件は、18歳から30歳まで。ただし、渡航時に31歳になっていることは問題ない。子どもの同伴はできない。

そして各国ともに、ワーホリビザの活用は一度だけ。オーストラリアでワーホリを経験したら、もう一度、というわけにはいかない。ただし、再びワーホリでカナダに行ったり、ニュージーランドに行ったりすることは可能だ。

日本人にとっては、長期の海外滞在といえば、習得のチャンスになるのが英会話。中学校から高校まで6年にわたって英語を学ぶにもかかわらず、英語が話せない日本人がほとんどなのは昔も今も同じだ。

これは後に書くが、英語力を求めてワーホリに関心を持つ若者も少なくない。そこで、オーストラリアなら、1年間のワーホリで最長4か月、英語が学べる語学学校に通うことができる。語学学校にはワーホリ以外も含め、それこそまさに世界中から学生が集まるため、多国籍な友達ができることも魅力だ。

学校によっては、TOEICなどの試験対策や接客英語を学べるコース、バリスタやダイビングなどの英語プラスαを学べるプログラムを提供しているところもある。

オーストラリアは先に書いたように日本がワーホリ制度を導入した初めての国で、その歴史は40年以上になる。両国とも人数の制限はない。日本からはコロナ禍の時期を除くと、おおよそ年間1万人がワーホリでオーストラリアを訪れていた。

カナダは6500人と人数を定めている。また、イギリスは1500人の定員制限に加え、抽選式で申請時期も限られているなど、国によって制度の概要は異なる。

## オーストラリアの最低賃金は約2000円

ワーホリの過ごし方は、まさにさまざまだ。英語を学びたい、友達をつくりたい、コミュニティに属したいと語学学校に通うところからスタートする若者もいれば、英語力には自信があるから、とすぐに旅を始める若者もいる。

オーストラリアであれば、ずっとシドニーやメルボルンなど大都市で過ごすケースもあれば、ケアンズやパースなど観光地を巡ったり、リゾートで過ごしながら、あるいは地方の農場でアルバイトを続ける若者もいる。

就くことができる仕事については、職種や業種に制限はない。持っているスキルや経験、さらには英語力でさまざまな仕事に挑戦できる。カフェやレストラン、バーなどの飲食業から、イベントスタッフ、ハウスキーパー、船の甲板員、建設作業員、受付などの事務やＩＴ関連の仕事などなど。

オーストラリアは日本人にとって人気のワーホリ先だが、それは受け入れ人数に上限がないことだけではない。日本と時差がほとんどないこと、多文化多民族国家で受け入れに寛容であることに加え、なんといっても就労の条件の良さがある。

もとより世界最高の賃金水準を誇る国。ワーホリ制度を有する主要英語圏の中でもダントツだという。国が定めている最低賃金は、課税前の金額で時給23・23豪ドル（日本円で約２２００円）。週給になると８８２・74豪ドル（同約8万円／38時間労働換算）にもなる。

そればかりではない。働き方には、フルタイム、パートタイム、カジュアルの３種類があるが、カジュアルのような臨時雇用で国の最低賃金の対象となる場合には、賃金に25％以上の臨時雇用追加金を上乗せした金額を受け取ることができるのだ。

また、これ以外でも極めて合理的な考え方が実践されているのが、オーストラリアの賃金体系である。端的に言えば、いわゆる正規雇用と非正規雇用を比べたとき、時給に換算すれば、非正規雇用のほうが高いのである。

理由は明快で、正規雇用は安定しているから。安定していないが、賃金が高い非正規雇用を選ぶか、安定しているが、賃金が低い正規雇用を選ぶか、は本人次第。

要するに、リスクとリターンが、しっかりと相関している。これがまったく相関していないにもかかわらず、なかなか変われないどこかの国とは違うのだ。

元看護師からワーホリに行った藤田さんは、介護の仕事の時給に「こんなにもらえるのかと思った」と語っていたが、それは非正規雇用の時給だったことも大きい。実に正規雇用の時給に比べて1000円もの差があったという。

ワーホリは基本的な考え方として「旅をしながら」なので、オーストラリアの場合、一つの雇用主のもとでの雇用は最長6か月とされている。6か月経てば、別の仕事を見つけなければいけない。一方、カナダは就労についての期間の制限はない。

## ファームで働くと、2年目、3年目も滞在できる

ワーホリは、多くの国が滞在期間を1年間としている。カナダ、ニュージーランドなどがそ

うだ。だが、オーストラリアは最長3年まで過ごすことができる。

一定条件を満たすことで、2年目も滞在できる「セカンドワーキングホリデービザ（セカンドビザ）」、3年目も滞在できる「サードワーキングホリデービザ（サードビザ）」の申請が可能なのだ。

端的にいえば、ワーホリ1年目に特定の仕事に約3か月（88日間）従事すれば、2年目の滞在が可能になる仕組み。また、ワーホリ2年目に6か月間従事すれば、3年目の滞在が可能になる。

例えば、地方都市での農業や農業関連の仕事（ファームジョブと呼ばれる）に就く。バナナやイチゴ、林檎などのフルーツ、トマトやパプリカ、アボカドなどの野菜の収穫（ピッキング）もそのひとつだ。

NHKの番組では「ブルーベリー摘み」について紹介しているが、これこそまさにファームジョブだったのである。

もちろん「英語も話せないし、ずっとブルーベリー摘みでいい」と考えていた人もいたのかもしれないが、多くは「セカンドビザ」「サードビザ」を取得するために来ていた可能性が高い。そうすれば、2年、3年と滞在を延ばせるからである。

つまりは、がんばってくれたご褒美に翌年のビザがもらえる、というわけなのだ。ファーム

条件を満たすと、2年目、3年目も滞在できる

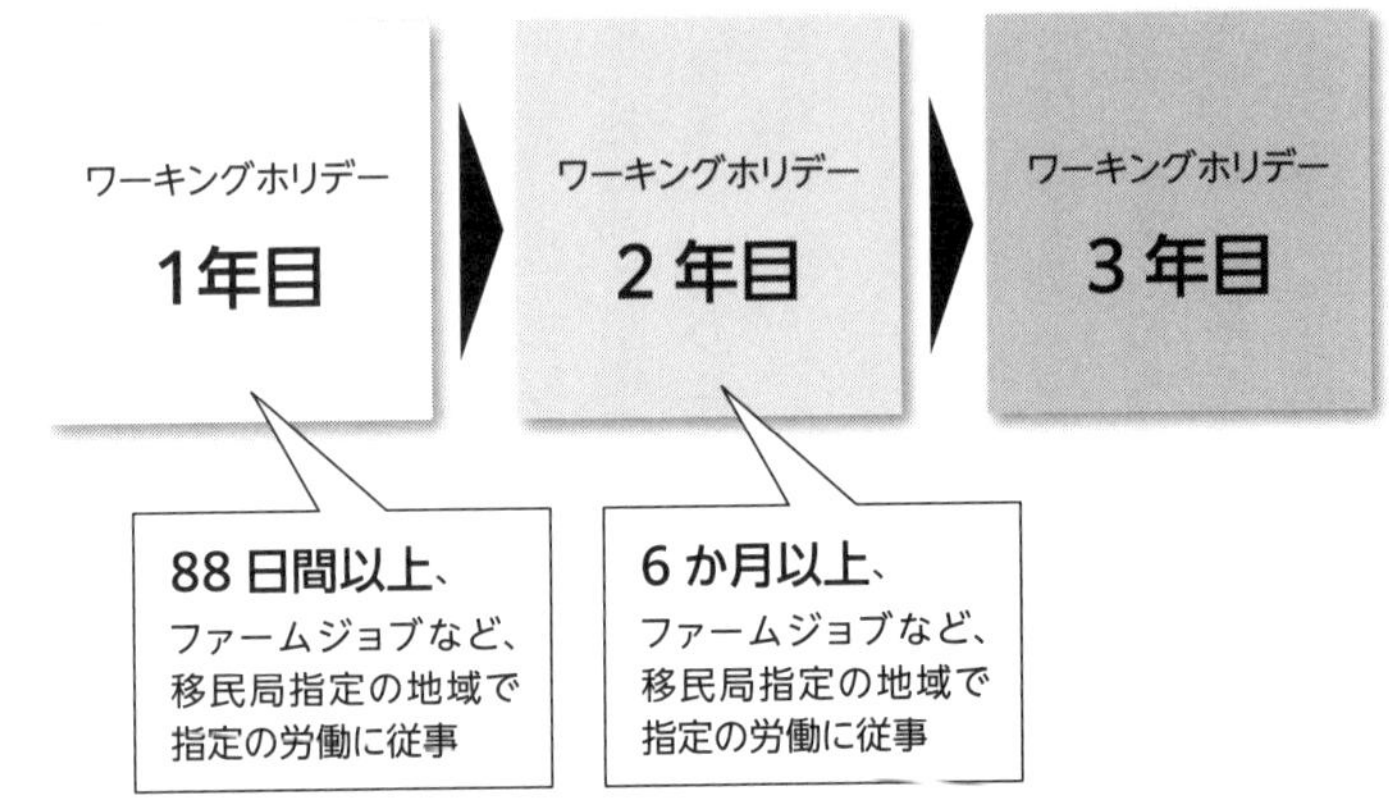


ジョブ以外にも、果物や野菜をパック詰めする仕事や肉の加工場など食関連から、オペアと呼ばれる地方の家庭での家事手伝い、リゾート地でのサービス業（真珠養殖といった変わったものも）、建設現場での仕事など、条件を満たす仕事はさまざまにある。

現地のワーホリの間では、そのための情報が飛び交っている。どこで、何をするのがいいのか、どんな仕事が魅力的か、などだ。ファームジョブの募集は、政府のウェブサイトでも公開されている。

それにしても、自国ではなかなか人が集まらない仕事をやってもらうことで、翌年のビザというご褒美を出すわけだ。人手は確保され、働き手は稼げる上にビザがもらえる。これまた、なんとも合理的なシステムである。

こうして2年目、3年目のビザを手に入れ

れば、「ワーホリ1年でおしまい」ということはない。のんびりとシドニーのカフェで働き、ひと仕事終えて趣味のサーフィンを楽しむ、なんてことも可能（実際に、シドニーはすぐ近くにビーチがある）。

いろいろな国から集まって来る英語を学びたい人たちのコミュニティに加わり、世界中に友達をつくる人もいる。

また、日本人が集まる大規模なイベントに参加して、オーストラリアにいながら日本人の友達をたくさんつくってしまう人も。

さらには、シドニーでアルバイトをがんばってから、オーストラリアの世界遺産を毎月、旅するという人もいる。ケアンズのグレートバリアリーフ、カカドゥ国立公園、ウルルと現地では呼ばれるエアーズ・ロック、パースのシャーク・ベイ……。

ワーホリの総仕上げで、ダーウィン、ゴールドコースト、メルボルン、ブリスベン、アデレード、パースなど、1か月かけてオーストラリアを周遊することを楽しみにする人も。中には車で周遊する、自転車で周遊する、という人もいる。

ワーホリで出会った友人たちを訪ねて、ワーホリ後は中南米を巡りたい、ヨーロッパを巡りたいという人もいた。海外で過ごせば、そんな壮大な考えも、そう遠くにあるものではなくなるようである。

## ワーホリを決断したことで人生が一気に変わった

東京からワーホリに来て1か月ちょっと経った、という女性の声をご紹介したい。村上真優さん（30歳）。広告代理店で営業事務の仕事をしていたという彼女は、半年ほど前にワーホリに行く決断をしたことで、人生が一気に転換を始めた。

「もともと海外に行きたい、という気持ちは持っていたんですが、仕事もあるし、大きな決断になるので踏み切れませんでした」

そんな折、大きなきっかけが2つあった。一つは家族で沖縄旅行に行ったこと。ほんの近くの海で、美しい熱帯魚と一緒に泳げたことに衝撃を受けた。

「毎日、東京で満員電車に耐えながら職場に通ったり、新型コロナになってからはリモートワークでしたが、毎日同じ時間に起き、同じ仕事をし、同じ時間に終える日々の繰り返し。自分はなんのために生きているんだろうと思って。沖縄に行ったとき、本当はもっと他の知らない世界があるんじゃないか、違う人生があるんじゃないかと思ったんです」

折しも会社でリモートワークが急に廃止になった。確たる理由はなかった。出社しなければいけない理由もなかった。

「これで切れてしまったんです。もうこんな仕事しなくていいんじゃないか、と。それよりも、したいことをしてみよう、と」

思い立ったのが、ワーホリだった。留学エージェントを探し、実は年齢制限がギリギリだったことを知った。

不安だったのは、英語。独学で学ぼうとユーチューブを見たり、インスタグラムで英語の情報を発信してくれている人をフォローしたりした。

そして違う文化を持つ外国人の話をもっと聞いてみたい、と思い切って登録してみたのが、マッチングアプリ。出会ったノルウェー人の男性と、あっという間に恋に落ちる。

「生まれはノルウェーなんですが、子どもの頃にアメリカに引っ越してアメリカで育っているので、英語はネイティブ。私は幼児レベルの英語だったんですが、彼と会話をしなければいけなかったことで、どんどん英会話の力が上がっていったんです」

ワーホリに行く決断をしたことで、なんとネイティブの外国人の彼氏ができてしまったのだ。しかも、英語も学ぶことができ、シドニーの語学学校に入ったときには、学校が設定していた5段階レベルのうちの上から2番目のクラスでスタートすることになった。

「ワーホリに行くつもりでしたから、恋人を日本でつくってもしょうがないと思っていたんですが、彼も年齢的にワーホリに間に合ったんです。それで一緒に来ることになって。というか、私が来て、と言ったのもあるんですけども（笑）」

今はシドニーで一緒に暮らしながら、ワーホリ生活を送っている。一緒に暮らす相手が日本人ではないので、暮らしそのものが英語の勉強だそうだ。

## 毎日が新鮮。もっともっと楽しみたい

村上さんも、オーストラリアにやってきて、やはり大変だと感じるのは、英語だ。

「語学学校も、自分のレベルでは追いつくのが大変です。英語の学校ですが、授業はすべて英語ですから、結局わからないまま、という事態が授業中に頻発していまして。授業が終わったあと、家に帰って調べ直したりして復習しないと理解ができない」

授業中はスマホ禁止なので、翻訳アプリも使えない。わからなかった単語をピックアップしておいて、休み時間に大急ぎで調べたりすることもあるという。

「食らいついています（笑）。でも、クラスメートはそんなことはなくて。ブラジル、コロンビア、ベネズエラなど南米の人が多いですね」

クラスメートとはすぐに仲良くなった。交流はとても楽しい。

「文化がまったく違うのが、お互いに面白くて。昨日もクラスメートのブラジル人男性に、学校が終わったあと、飲みに誘ってもらったんです。彼の友達やその彼女、親戚など、いろんな人がいて、私の彼も一緒に行って」

ネイティブではない人たちがほとんどであれば、英語の会話も問題はなくなった。

「友達と会話したり、パーティに行ったときに会話したりという最低限くらいはできるんですが、やはりネイティブ同士の会話に一緒に入っていると、もう悔しいというか、半泣き状態になっています（笑）」

まだ仕事はしていないが、これから仕事をすることになれば、英語が流暢でなければいけない場面がたくさんあると考えている。だからこそ、英語をさらに磨きたい。

「早く働きたいですね。というのも、物価がとにかく高いので。貯金があっという間に消えていってしまいます。この先の課題は、仕事探しです」

それにしても、ほんの少し前まで、東京で代わり映えしない日々を繰り返していたのだ。それが、わずか半年ほどで一変してしまった。

「毎日が新鮮ですね。シドニーに着いてから、何もかもが新鮮です。スーパーに行って品物を見るだけでも。海外のお菓子とか、売っているものの大きさとか、違いを見るのも楽しい。街のつくりの日本との違いも面白いです」

シドニーに着いたときには、ここはどこの国かわからないほどだと思ったという。

「人種差別があるんじゃないかとか、勝手に想像していたんですが、とんでもない数の人種の人たちがいるので、誰も何も気にしていないですね。みんながマイノリティ、という印象です。これもびっくりでした」

日本人の友達がたくさんできたことも意外だった。同じ思いを持ってやってきた者同士。やはりあっという間に打ち解けるのか。

「SNSで見つけたんですが、先週、日本人のパーティがあったんです。200人くらいは来ていたかな。そこでまた日本人の友達がたくさんできて。その子たちと今週末、うちでホームパーティをするんです」

実は海外は、18歳のときに10日間ほどアメリカに行っただけだったという。大胆な決断だったが、だからこそ今がある。

「語学学校が終わったら、オーストラリアでいろんな都市を巡ってみたいです。違うところに行って、違う景色を見てみたい」

期間は1年と決めている。その後のことは、まったく考えていない。

「英語が習得できても、それが役に立つかどうか、あまり期待もしていません。行き当たりばったりでいいのかな、と。それより、もっともっと毎日を楽しみたい、と思っています」

これでいいじゃないか、と後押ししてくれる空気が、オーストラリアにはあった。

## 世界を見てみないと危ない、と漠然と思った

もう一人、ワーホリでやってきて2か月半が経った女性に話を聞いた。東京で美容師として仕事をしていた、藤井祥子さん（32歳）だ。ワーホリビザは、31歳の誕生日までに取得しない

といけない。まさに、ギリギリの決断だった。

「本当は、海外が苦手なんです。ただ、約10年間、日本で社会人を経験して、これからの日本のことだとか、自分のこととかを考えたとき、世界を見てみないと危ないな、と漠然と思ったんです。何が、というのは明確には言えないんですが、勘のようなものです。それで危機を感じて、海外が苦手だったけど、ちょっと出てみよう、と」

ワーホリを思い立ったのは、ワーホリを取り上げたテレビ番組だった。ただ、稼げることを魅力に感じたわけではまったくない。

「調べるとわかりますが、生活にはそれなりの費用がかかりますよね。また、ここに来る費用だって必要になります。おそらく、現地に来てみないとわからない費用もあるでしょう。それをざっくりとですけど自分で計算してみたら、1年間なら何もわざわざ海外に出なくても、私の場合は日本で美容師をしていたほうがいい、とわかっていましたから」

逆に、美容師がそれだけの価値のある仕事だということにも、改めて気がついた。だからこそ、海外に出てみようか、という気持ちにもなれた。

「報道には、報道の狙いがありますよね。取材を受けた人が伝えたかったこととは、違う言葉を切り取られている可能性もある。みんながみんなこんなはずがない、ということもそうですし、稼ぎに来ました、というセリフがあったとしても、それがすべてだと解釈してはいけないな、とも思いましたし」

最初から決めていたのは、1年で帰るということ。あくまで自分の生活の基盤は日本にある。

「人材の海外流出という話が報道の延長で言われたりします。いい人材が出ていってしまう、みたいな。でも、それは海外のほうが住みやすいとか、お金が稼げたり貯められたりするからだと言われているからですよね。となれば、海外の良いところを日本に持って帰ってこない限り、一向に日本は良くならないと思うわけです。だから、その両方が、善し悪しがわかる人間になりたいと思ったんです」

10年働いて社会人として中堅になったという自覚が、そうさせた。誰かのせいにしていても、いつまで経っても何も変わらないからだ。

「実際に生活すれば、いいことばかりでないこともわかる。でも、海外のいいところもある。だから、合わせて日本バージョンにしたらいいと思ったんです。日本にもいいところはたくさんあります。ただ、自国だけでいい暮らしができる時代だったらいいですが、そうはいかなくなっている。そこで、日本のやり方に海外のエッセンスをうまく取り入れられる人が増えればいいと思ったんです」

ぼんやりとした日本への不安。そして、新たな未来に貢献したい気持ち。こんなワーホリ動機もあるのだ。

## 周囲を気にするストレスから解放

それにしても、藤井さんの場合、さすがは手に職、である。シドニーに着いて2週間ほどで、あっという間に仕事は決まった。日本人が経営する美容室だ。とはいえ、お客の2割ほどが日本人で、残りは外国人だという。日本語で、さまざまな情報が発信されているサイト「JAMS.TV」で見つけた。

「日本でもいちおう、下調べはして、何件かピックアップしておきました。ただ、どんな店なのかは実際に見てみないとわかりませんから」

現地に着いて、実際に店の前を通って、お店の雰囲気はどうか、お客さまはどんな人かを見た。それで、ここだと思った店で面接を経て採用された。給与は2週間に一度、払われる。日本より額面は高いが、生活面を考えるとむしろ足りないと感じている。

「日本人ご夫婦の家の一室を借りることができましたが、それでも家賃は週に300豪ドルです。交通費もバカになりませんので、家から職場まで歩いて20分というのもありがたかった」

所属する店をどんどん変えていく人も多い美容業界だが、藤井さんは新卒で採用された会社にずっと所属してきた。ワーホリは思い切った選択だったが、藤井さんをよく知る人たちからは、思わぬ反応が来たという。

「長く続けてきたので、アシスタント時代からお世話になっているお客さまもたくさんいます。その方たちに、ワーホリに行ってみようと思います、と伝えると、『あ、なんかいいと思う』とたくさんの方に言われて」

コロナ禍明けで海外に行くなんて、日本人的感覚でどう思われるんだろうという思いもあったが、逆だった。「行ってきなよ。でも帰ってきてね」とプラスに受け止めてもらえたと語る。それは、うれしい出来事だった。

「実はワーホリという選択肢も何も決まっていないときが、一番つらかったんです。結婚するのか、しないのか。子どもを持つのか、持たないのか。この先どうなるのか、自分でもわかりませんが、これから生きていかないといけないという不安が正直、つらかった」

それは自分が恵まれていたということに、気づいていたからでもある。

「実家もちゃんとあって、家族ともしっかりコミュニケーションが取れていて、十分過ぎるくらいに幸せだったんです。幸せ過ぎて、つらかったんですよ。漠然とした何もない人生っていうのも、案外しんどいんです。なんとなく先が見えているほうが、無我夢中で生きられなくなったりする。それは、つらいんです」

だが、思い切って一歩、大きく踏み出したら、すべては未知になった。慣れない言葉を使い、必死に生きるしかなくなった。目の前のことを、それこそ無我夢中で一生懸命やるしかなくなった。

「ワーホリに行くと決めた時点で、準備やら何やら大変なことがたくさんありましたけど、『この先、どうするの?』がなくなったんです。『今はわからない。帰ってから考える』と言えるようになった。これ、とってもラクだったんです」

だから、藤井さんは言う。ワーホリになんて行きたいともまったく思わない人にこそ、来てみてほしい、と。

「日本を出ることができたという事実だけでも、とても大事なことだと思うので」

1年経って、どんな思いを持っているか。その瞬間の気持ちを大事にしようと思っている。

## 日本で働く未来にワクワクできなかった

メルボルンを皮切りに、2022年6月から約1年にわたってワーホリで過ごしてきた男性にも話を聞いた。塩野嘉也(SNS名/世界のカナル)さん(24歳)だ。

現地に着いて3か月で、語学学校に紹介された時給31豪ドル以上というレストランの仕事で月50万円稼ぎ、わずか1年足らずで200万円以上を貯金したことで、SNSやメディアでも話題になった。月に40万円、貯金したこともあったそうだ。

「ワーホリで稼げるなんて、まったく思っていませんでしたから、びっくりしました。時給が世界一のレベルだということは知っていましたが、英語力もTOEIC460点くらいでしたし。語学学校に行く間に英語力を伸ばして、その後に仕事を見つければいい、くらいに思っていたんです」

ところが、1か月半ほどで求人サイト「indeed」で、寿司工場の仕事を見つけた。スーパーに並ぶ巻き寿司をつくる仕事だ。

英語力が求められていなかったことと、時給が27豪ドルとそこそこ高かったことで応募したら、「明日から来て」ということになった。

「それで2週間ちょっと働いて、もらったのが日本円にして20万円くらいの額だったんです。難しい仕事ではなかったです。それこそ、誰にでもできる仕事で、そこまで働いていないのに、2週間で20万円というのは衝撃でした」

大学を卒業し、新卒で入社した会社の手取り給与を、2週間で軽く上回ってしまったのだ。

故郷の愛媛県で大学を出て、地元のITコンサルティングの会社に勤務していた。会社を1年で辞めることにしたのは、自分に嘘がつけなかったからだ。

「日本で働いて、描ける未来を想像したとき、まったくワクワクできなかったんです。思い返すと、日本というステージに飽きてしまっていたのだと思います」

まわりを見ても、みんなそこそこ幸せそうにはしていた。とんでもなく楽しそうか、と言われると、そうではないかもしれない。しかし、そこそこは楽しそうに見えた。

「この先も、日本で働いて描ける未来を想像したとき、生活はしていけると思うんです。でも、そこに本当にワクワクはあるのか、それは本当に楽しそうかと考えたら、それは違うとはっきり思いました」

英語が好きで、大学時代、留学するつもりだった。ところが、コロナ禍で行くことができなかった。ワーホリでいろんな国に行くことを想像したら、これは楽しそうだな、と思った。

英語の学習について、ユーチューブで配信していたことも大きい。チャレンジは、そのままコンテンツになるからだ。

「幸い、地方都市で実家に暮らして普通に会社員として働いていれば、それなりにお金は貯まりますので、費用はカバーできました。もともとお金をあまり使わない人間ということもありますけど」

家族や周囲からは、反対はされなかった。会社も応援してくれた。仕事が見つからなければリモートでお願いするよ、とまで言ってもらえた。

「まわりには、ワーホリに行くような人はいなかったですから、驚かれたとは思いますが」

## 30歳まではワーホリを使い倒して楽しんで生きる

寿司工場で働いて1か月ほど経った頃、通っていた語学学校から仕事紹介を受けた。ホテルやカジノなどが入る大型商業施設のレストランのウェイター。高い時給も魅力だったし、寿司工場より英語を使えるいい機会になることも決め手になった。

「面接で絶対に落ちたと思ったんです。まったく受け答えできませんでしたから。学校という信頼のおかげだったと思います」

レストランでは、日本人は1人だった。接客ではまず、テーブル担当の自己紹介から始めなければならなかった。同僚にフォローしてもらったものの、英語に苦戦した。

幸いだったのは、ビュッフェレストランだったこと。最初の挨拶を終えれば、あとは飲み物のオーダーのみ。それもよく聞き間違えたというが、お客に怒られたりしたことはなかった。

「何よりありがたかったのは、勤務シフトをバンバン入れてくれたことです。週5日入っていたこともあります。おかげで月に50万円ほど稼げた上に、英語力も伸ばすことができました」

おそらく今年中にはTOEICは800点以上になるというが、その伸びをつくってくれたのが、この時期だったと語る。英語を使う機会が多かったからだ。

「あと、施設内に社食があり、働いている人はそこで何でも食べることができたので、食費がほとんどかからなかったんです。メルボルンで家賃が安いところを見つけて、月5万円ほどで住んでいましたから、お金はどんどん貯まっていきました」

家は、オーストラリア情報を発信している日本語のサイト「日豪プレス」で見つけた。スマホも、格安SIMを現地で探し、通信費は月10豪ドルほどで済んだ。他に、特にお金の使い途もなかった。

「あまり積極的に友達をつくるタイプではないんです。旅行にも興味はなかった。家で自分一人の時間が好きなんです。ユーチューブもやっていましたし、SNSでの発信活動もありましたから、そこに時間を割いていました」

ただ、オーストラリアのワーホリでは同じ雇用先で半年までしか働けない。セカンドビザも取りたいと考えていた。そんなときに、インスタグラムでファームジョブを見つけた。時給31豪ドルと好条件だった。

ところが働き始めると、週5回のシフト予定のはずが、だんだん減っていってしまった。直接雇用ではなく、派遣会社を経由しての雇用だったことが原因だとわかった。別のファームジョブに移ったが、すでに今後を見据えている。

「滞在を延長するのもありますが、カナダに行くのもありだな、と。オーストラリアに来て、いろんな国から来ている人たちに会って、日本で培った価値観はすべて完全にぶっ壊れました。なんだ、自分の好きなことをやっていいんだ、好きに生きていいんだ、とわかったんです。それこそ世の中には、遅刻の概念のない人もいるんです（笑）。それでも生きていける。生きるという感覚は大きく変わりましたね」

最も大きいのは、お金に対する不安がまったくなくなったことだという。

「現地で仕事を見つけて、稼げばいいんですから。それができることがわかった。だから、世界のいろんなところに行って、現地で稼いで、RPG（ロールプレイングゲーム）的に生きていけるな、と。少なくとも30歳までは、ワーホリという権利を使い倒して自由に楽しんで生きていきたいと思っています」

学生ビザは学校に行かなければいけない。就労ビザは簡単に仕事を辞められない。しかし、ワーホリは何をしていてもいいのだ。

「せっかく日本人はたくさんの国でワーホリビザがもらえるんです。そういう生き方ができる。これが、僕の見えている未来では最も楽しそうだな、と思っているので、それをやります。それから、ですか？　だって、日本がどうなっているか、世界がどうなっているかなんて、そのときになるまで、わかんないじゃないですか。だから、どうあっても、僕が楽しいな、と思ったことをやるだけかな、と思っています」

ワーホリなんぞに出かけて戻ってからどうするのか、と問う大人もいる。しかし、そういう大人も、実は未来が保証されているわけではまったくないことに気づいていない。実は未来は誰にもわからないのだ。

誰にもわからない未来のために、もしも今を犠牲にしているのなら、真剣に考えたほうがいい。それは、世界のスタンダードではまったくない、ということも併せて。

# 第2章

# なぜ仕事を辞めてワーホリに？

## 現地でリアルな声を聞いてみた

## シドニーに着いて10日目の女性たち

シドニーの語学学校ＭＩＴに協力をもらい、ワーホリでシドニーに到着して間もない女性たちに匿名で話を聞くことができた。日本では看護師として病院に勤めていた人たちだ。

まず、なぜワーホリに来たのか。看護師に多いという、ゆったりしたいという思いが語られた。

「病院での仕事が大変だったので、気軽に働きながら旅行したり、買い物したり、ビーチに行ったりしたかったんです。自分の時間を見つめ直したいというか、大切にしたくて。ワーホリを知っていいなと思ってやって来ました」（Ｍさん、31歳）

また、今後のキャリアを考えたとき、自分はどうしたいか、どうするべきか、見つめ直したくて来るケースも少なくないという。

「国際看護に興味があって、アメリカで働きたいと思っていたんです。でも、本当に海外で自分が看護師をしたいのか、海外で働くことが向いているのか、確かめてみたいと思いました。今後、自分がどうしていきたいのかを決めるために来たという感じです」（Ｎさん、31歳）

「今後、どういう看護をしていきたいか、考えたんですよね。これからの日本を考えたとき、いずれは移民に頼らざるを得なくなる経済状況になっていくと思っていたんです。外国人の患者さんは、異国では意思疎通が困ります。病気になったとき、より苦痛に感じると思うので、そういう状況を少しでも緩和できるようになれば、と。それも含めて、国際看護のヒントをもらえたら、と思って来ました」（Iさん、27歳）

キャリアにもかかわりを持たせつつ、英語が学べることを魅力と感じる人も多い。

「もともと海外の国際機関で働きたいと考えていました。WHO（世界保健機関）で働くために大学院で公衆衛生の修士課程に進むつもりですが、大学院の準備コースに行くか、別のところで英語を勉強するかを迷っていて、自分の専門分野で英語を学びながら働いたほうがプラスになると思って来ました」（Kさん、28歳）

ワーホリに行くことを早くから決めていた、という人も実は少なくないそうだ。

「看護師になることが幼稚園からの夢で、それがかなったら5年間はがんばって働いて、ご褒美としてワーホリに1年間行こう、と決めていたんです。ただし、1年だけです。子どもに関係する仕事がしたいと思っていて、小児看護も学んで、英語が教えられる保育園のようなものができたら、と思っています」（Tさん、24歳）

そして、別の国のワーホリを経験し、次のチャンスを狙っていたという人もいる。

「以前、カナダにワーホリで行っていました。もともと旅行好きで、オーロラが見たかったこと、アメリカが近くて旅行に行けることがカナダに決めた理由でした。次はオーストラリアを考えていたら、新型コロナが流行ってしまって、3年間ずっと待っていたんです」（Sさん、31

歳）

ちなみに稼げそうだから、という動機はなかった。

## 自分の英語力のなさを日々痛感

彼女たちに話を聞くと、準備期間は1年から半年ほど。語学学校の授業がスタートしたばかり、というタイミングでもあったが、やはり最も大きな不安は英語だった。

「シドニーに来て改めて思ったのは、スピーキングが大事だということ。話したり、聞いたりすることの重要性です」（Mさん）

「生活できるか心配になっています。今はホームステイしていて、何か言われたらグーグル翻訳すればいいですが、アルバイトも家探しも、そうはいかない。英語の勉強をがんばらないと、と思っています」（Tさん）

「自分の英語力のなさを日々痛感しています。シェアハウスにいますが、自分の言いたいことが伝えられないことが悔しい」（Iさん）

「リスニングは問題ないんですけど、スピーキングが苦手で。これは日本人みんなそうみたいです。あるトピックに対して、自分の意見を言ったり、まとめたりするのがうまくない。ボキャブラリーも増やしていかないと、です」（Sさん）

「間違って伝えたり、間違った解釈をしてしまうのが不安です。ただ、きれいに発音するとか、上手に伝えなくていいんだ、ということもわかりました」（Nさん）

「自分なりに勉強してきましたが、不安なままです」（Kさん）

とはいえ、同じくらいに期待も大きい。

「ワーホリなので、ホームステイやルームシェアができる。いろんな人たちと住める、というのも楽しみ。日本ではできない経験ですから。日本とは違うスーパーマーケットも毎日、見に行っています」（Nさん）

「海外で働いた経験は、しっかりスキルになる。日本に帰ったときに、それは自分の強みにできると思っています」（Kさん）

「いろんな国の人たちが住んでいて、いろんな文化が学べるのは、楽しみです。海外の現場で経験を得られるのも大きい」（Sさん）

「日本だと学生の頃からサービス残業があった。それはオーストラリアの人には驚かれました。とにかく疲弊してきたので、お金をもらいつつ、オーストラリアのワークライフバランスについて知ることができたら、と思っています」（Mさん）

「聞けるし、話せるし、というレベル高めの英語をマスターしたい。旅行が好きなので、どこに行っても不自由なく、しっかりカルチャーを学べるような英語力を身につけたいです」（Tさん）

「海外の現場を見る機会は楽しみ。また、高い報酬にも驚きましたが、どうやって経営を成り立たせているのか、人手不足を解消しているのかを知りたい」（Iさん）
今後の期待が、見事にバラバラに分かれたのが、興味深かった。それだけワーホリには幅広い魅力があるということか。

## 電車に乗っても、疲れている人を見かけない

続いて、シドニーのタウンホールにある語学学校「ＩＬＳＣ」の協力で、到着から1～3か月経った4人のワーホリ実践者にも集まってもらい、匿名でインタビューすることができた。

3か月前にやってきたのは、大学3年生の女子学生だ。

「本当は大学で海外研修があったんですが、新型コロナで行けなくなってしまって。語学の短期留学を当初は考えていたんですが、ワーホリのほうが長くいられるのでいいな、と思いました」（Iさん、21歳）

日本で高校の教師をしていたという女性は、なるほどという動機を教えてくれた。

「今、進学校では海外大学進学がブームになっています。でも、学校が生徒を送り出そうとしても、やはり海外の生活に対して不安を取り除けない生徒は多くて、最終的に国内に決めてしまう現実があるんです。それなら、教員が自ら海外の生活を経験したらどうだろうか、と。こ

んなところに苦しさがある、こんなところは大丈夫など、わかっていたら違うと思ったんです」（Eさん、30歳）

オーストラリアという国にずっと行きたかった、と語ってくれたのは、保健室の先生をしていたという女性だ。

「中学校の修学旅行で京都を訪れたとき、英語でインタビューしようという課題が出て、声をかけたのがオーストラリアの人だったんです。この人がとても優しくて、手紙のやりとりもして。将来、絶対にオーストラリアに行きたい、と思っていたんですよね。それで働いてお金も貯めて、ワーホリでやって来ました」（Uさん、27歳）

そして政治部の新聞記者をしていたという男性は、これまた記者らしい動機を語ってくれた。

「日本と違う国に一度、住んでみたい、という思いを持っていました。というのも、日本に住んでいるとずっと閉塞感があって。僕たちの年代は失われた30年なんて言われて、生まれてからずっと不景気なんです。このまま好景気というものを経験しないままで終わるのは切ないな、という思いがずっとありました。経済的にいい国というところに一度、住んでみたかったんです。留学だと準備が大変ですが、ワーホリはビザが取りやすいですから」（Sさん、31歳）

2か月ほどの滞在で、閉塞している日本と、解放感あふれるオーストラリアの違いをすでに実感しているという。

「感じますね。今ちょうど仕事を探し始めたところですが、皿洗いのアルバイトでも最低時給で約2000円なわけです。日本の大卒初任給が、皿洗いで簡単に稼げてしまう。一生懸命に勉強して働いてようやくその金額に行く日本と、誰でもできる皿洗いでそこに行けてしまうオーストラリア。違いをまざまざと感じさせられますね。でも、英語ができない皿洗いでこれですから、英語ができるマネジメントやホワイトカラーはどこまでの給料になるのか。英語は使えて損はない、ということを改めて実感しています」

そもそも着いてすぐ、違いを実感したらしい。

「わかったのは、空気が違うということです。どこでそれを感じているのかわからないんですが、なんだか明るい。電車に乗っても、暗い人がいない。疲れている人を見かけない。だから、未来がある感じがするんです」

そして日本に対して、世界がどう見ているのかも初めて知ったと語る。

「外国人と話をしていて、日本で仕事をしていたというと、長時間労働の話を必ず聞かれるんです。ブラックらしいね、自殺率も高いらしいね、と。このネガティブイメージが広がっているのは、日本にとって不幸なことだと思いました」

## みんな仕事のために生きているわけじゃない

そして3か月ともなれば、さまざまな経験を積むことになる。女子大学生のIさんは到着してすぐに新型コロナに罹ってしまうなど、修羅場をくぐったらしい。

「最初は、ここで野垂れ死にするのか、と思いました。ちゃんと働いたこともないし、いろいろなことを一人で全部やるのも初めて。最初の家こそ留学エージェントに手配してもらっていましたが、それも1か月。あとは自分で探さないといけないし、仕事も探さないといけないし。でも、やる気さえあれば、なんとかなる、ということがわかりました。実際に、なんとかなりました（笑）。今はやっぱり楽しいことのほうが多いです」

カフェのアルバイトを希望したが、なかなか見つけられなかった。コーヒーのおいしさが世界的に評価されているオーストラリアでは、カフェは人気の仕事場だ。ネットで探すと、経験者募集がほとんど。こうなったらもう、人柄とやる気を見てもらうしかないと思った。

「履歴書を持って直接、飛び込みをしました。60店以上、行きました」

そしてローカルのカフェで、ようやくアルバイト採用が決まった。ニューサウスウェールズのガバメントの近くで、州の職員が常連の店だ。オーダーを取ったり、コーヒーを出したりしている。最低賃金での雇用だったが、今はとにかく楽しいという。

「おいしいコーヒーがタダで飲めますし、英語の勉強が仕事をしながらできる。とてもありがたいです」

来て1か月の元養護教員のUさんも、アルバイト希望はカフェ。しかし、まだ見つけられていない。英語をもっと勉強してくるべきだった、という後悔の念がある。

「絶賛、仕事探し中です。ただ、はっきりわかったのは今、世界中からワーホリの若者が来ていて、仕事が争奪戦になっていることです。サイトで募集を見つけてメールを入れても、返事も来ない。直接、履歴書を渡しに行っても連絡はない。カフェで働きたいんですが、自分の英語のレベルだと、まだまだなのかな、とも思っていて。でも、オーストラリアでできた外国人の友人からは、『大丈夫、英語ができなくても、カフェで働きな』と言われていて、今またチャレンジしているところです」

一方、元高校教員のEさんは到着1か月で、耳の変化を実感している。英語だ。

「リスニングはそんなにできないんですが、言っていることはなんとなくわかるようになってきました。以前は、速い、という感覚だったものが、耳ができてきたのかと。音にしがみつく感覚がなくなってきました」

そしてこの先のプランを構想中だという。

「語学学校を終えたらシドニーから他の都市に移動しようと思っています。まだ何も決まっていないところが不安でいっぱいなんですが、それもまた楽しまないと」

元新聞記者のSさんは、自らのマインドの変化を実感し始めている。

「日本を出る前、30歳過ぎて会社も辞め、安定も、いい仕事も捨ててワーホリ？　何をやってんの？　とさんざん言われたんですが、シドニーでそんなことを言われたことは一度もありません。そもそも、みんな仕事のために生きてるわけじゃないわけです。それよりも、堂々と自分の幸せというものを主張する。そうだよな、それが当たり前だよな、と思い始めています」

取材後、初めて会ったという4人は連絡先を交換していた。こうやって、あっという間に人がつながっていくのも、ワーホリならではかもしれない。

## 誰でも稼げる状況はすでに変わっていた

オーストラリアに行けば稼げる、とSNSで話題になり始めたのは、2022年の夏。その秋には民放の人気番組『真相報道バンキシャ!』で特集され、ニュース番組『ワールドビジネスサテライト』でも取り上げられ、翌年2月にはNHKでも放映、大きな話題になった。

だが、それから半年も経たない6月に私が取材した時点で、もうすでにオーストラリアの状況は大きく変わっていた。

先の匿名インタビューに登場してくれた女子大学生のIさん、元養護教員のUさんが語っていたように、仕事がかなり見つけにくくなっていたのだ。理由はシンプルで、2023年の春前後から、世界中の若者たちがワーホリでオーストラリアに続々と入国してきているからである。

新型コロナウイルスの感染拡大が世界で広がる中、オーストラリアも2020年3月から入国を厳しく制限していた。そして条件付きながら全世界からの受け入れを再開したのは、20

22年2月。

もともとサービス業はじめ、多くの仕事を海外からやってくる若者たちでカバーしていたのが、オーストラリアだった。ワーホリだけではない。学生ビザでも、学校にちゃんと通っていれば働くことができる。世界中の若者たちが、高給で稼げるオーストラリアでさまざまな仕事をしていたのだ。

ところが、新型コロナでそれがピタリと止まってしまった。世界中からやって来ていた若者たちは続々と帰国。あちこちの業界で人手不足が起こり、困っていたのだ。そんな中で、ようやく渡航制限が撤廃され、海外から若者が入れるようになった。

受け入れを再開した2022年2月の段階では、まだまだ国中で人手不足が続いていた。だから、このタイミングでいち早くオーストラリアにワーホリでやって来た若者たちは、日本人も含めて、あっという間に仕事を見つけることができたのだ。

つまり、SNSでの「稼げる」投稿も、秋の民放、翌年のNHKも、言ってみれば、最も条件のいい時期だったのである。

だが、それ以前に、まだ詳しい情報もなく、オーストラリアで働けるかどうかの状況もわからない中でいち早くワーホリで入った若者たちは、言ってみればリスクを取ったと言える。だから、そのリターンを手にすることができたのだ。

しかし、続々と世界から若者たちが入ってくれば、人手不足は解消される。そうなれば、かってのように簡単に仕事が見つかる状況ではなくなる。

おまけに先にも少し書いたが、人手不足の状況の中で、オーストラリア政府はパンデミックビザを出した。2023年6月までで就労中であれば、もう1年、滞在することができるというビザだ。このビザによって、本来なら1年で帰国するワーホリも、帰国しなくてもよくなった。言ってみれば、働きたい若者たちがダブついてしまっているのである。

人がたくさん入ってくれば、住むところも必要になる。必然的に、家賃も上昇することになった。高い賃金を出さなくても人が雇える、となれば時給を下げる雇用主も出てくる。

ただ、古くからオーストラリアを知る人に聞けば、「単に元に戻っただけではないか」だという。コロナ禍明けの一時の期間だけが特別だったのだ。逆にいえば、仕事は見つけられないのかというと、そんなことはまったくないというのである。

## 働きたいという熱意を買ってもらうしかない

次第に世界からワーホリが増え始めた2023年の春以降にオーストラリアにやって来て、途方に暮れてしまった若者も実は少なからずいたようである。オーストラリアの情報を手に入れることができるフェイスブックのグループがあるが、ここで泣き言が発信されていたという。家が見つけられない、仕事が見つけられない……。

それに対して、すでにオーストラリアに来ていた若者たちからは、厳しい声も飛んだらしい。あまりに安易に、何も考えずに日本からやって来たのではないか、他力本願過ぎるのではないか、と。

そもそも、誰にでも簡単に仕事が見つかるわけではない。それは、コロナ禍明けすぐの状況でも実は同じだったはずだ。自分なりに情報を収集したり、サイトを調べたり、応募をしたりしなければ、アルバイトとて採用されるはずがない。まずは、アクションが求められるのだ。必要なのは、行動力であり、あきらめずに粘る力だ。先にも紹介したが、カフェの仕事がなかなか見つけられなかった女子大学生のIさんは、履歴書を直接お店に持っていく、という手段に出た。しかも、60店以上も回っているのだ。だからこそ、念願のカフェの仕事を手に入れることができた。

ただ、こんなことはコロナ禍前から当たり前だったようである。そもそも英語が流暢ではない日本人をカフェで採用する理由などない。日本人観光客がカフェに続々とやって来るわけでもないからだ。となれば、働きたいという熱意を買ってもらうしかない。それには直接、自分を見てもらうのが一番だ。

実際、コロナ禍前にオーストラリアでワーホリを経験していた人たちも、同じように履歴書を直接、お店に持参する作戦を取っていた。おそらくIさんは、そのことを調べて知っていたのだろう。だから同じように行動したし、あきらめなかったのだ。そして念願の仕事を手に入れた。

インタビューした人の中には、こんな人もいた。お気に入りのカフェを見つけて、どうしても働きたいと思った。そこで、毎日のようにカフェに通い、顔を覚えてもらったのだ。その上で働きたいと聞いてみたが、今は空きがない、と言われてしまう。

それでも彼女はあきらめなかった。お店に通い続けて2か月、「空きが出たけど、働くかい?」と声をかけてもらったのだ。こうしてお気に入りのカフェで働くことができた。

お店に直接行って履歴書を渡しまくるときにも、ひと工夫がいる、と語っていた人もいた。お店を訪れて、近くにいるスタッフに渡す人がほとんどだというが、それでは意味はないというのだ。ちゃんとマネージャーやオーナーを呼んでもらい、直接手渡す。そこで自分の熱意をアピールする。採用は彼らが判断するからだ。

また、渡している姿も見られていることに注意しないといけない。だらしない服装や態度、それこそヘッドフォンをつけたままで履歴書を持って来る日本人もいるという。しかし、委ねられたスタッフは、履歴書をそのままゴミ箱に捨てたそうである。そんな失礼な態度の人間とは一緒に働きたくないからだ。

自分で探すだけでなく、ツテを使うことも有効だ。誰かの帰国が決まれば、その後釜が必要になる。そういう人たちとつながる機会をたくさん持っていれば、仕事のチャンスは膨らむ。しっかり人脈をつくったり、コミュニティに参加しておくことが大事だということだ。

そして英語力。英語はできないより、できたほうがいいに決まっている。英語力を高める努力をすれば、確実に仕事は近づいてくる。一方、もし英語力が足りなくても、スキルで補うこともできる。

## 人気の職業はバリスタ！

オーストラリアのコーヒー文化は、イタリア移民によるものだと言われている。エスプレッソ、カフェ、カプチーノといった基本的な飲み物から始まったが、やがて「フラットホワイト」「ロングブラック」など独自の飲み物が開発され、独自の進化を遂げた。

シドニーの街を歩いたときに感じたが、アメリカ発祥のコーヒーチェーンはほとんど見かけなかった。ところが、個人オーナーのカフェはあちこちにある。個性的なカフェが街を彩り、人々の生活に独自のコーヒー文化が溶け込んでいるのが、オーストラリアなのだ。

というわけで、カフェで働くことのステータスは高い。中でも人気の職業が、バリスタだ。エスプレッソをはじめとする、さまざまなコーヒーを淹れるスキルを持つ職業。ラテやカプチーノをつくったり、ラテアートも手がける。

ワーホリで日本からやって来て、そのバリスタとしてシドニーの有名店で働いている男性に話を聞くことができた。古河清史さん（26歳）。日本で飲食業関連の専門学校を卒業後、飲食店で働いていた。

「サービスには自信がありました。でも、外国人への接客で英語になった瞬間、納得のいくサービスができているかという思いがだんだん募っていったんです」

その後、アメリカ発祥で、カフェも展開する食のセレクトショップに転職。ここで、バリスタとしても働いていた。

「ワーホリを選んだのは、英語で接客ができるようになりたかったこと、バリスタとして働きながら海外で生活してみたかったことでした」

その決断をし、申込みをしたのが、2020年。ところが、コロナ禍が拡大する中で、オーストラリア行きはストップしてしまう。別のコーヒー関連の仕事に就いた。

そろそろ行けるかもしれない、という連絡を留学エージェントにもらったのが、2021年の冬。当初はメルボルンで英語教育の厳しさで定評のある語学学校に入ることを予定していた。だが、コロナ制限がまだ厳しかったため、シドニーに変更。2022年3月に入国した。

「滞在先をメルボルンからシドニーに変えたのは1か月前。ホームステイ先がわかったのは、1週間前。ギリギリ、ドキドキの中での出発でした。飛行機が飛ぶ直前まで、実際に入れるかどうかもわからない、という状況でした」

まさにリスクを取ったのだ。語学学校は4か月通った。おかげで英語を話すことの怖さがなくなった。何より幸運だったと思ったのは、日本人がいなかったことだ。

「入国が始まったばかりでしたから。学校でも、外国人しかいない。おかげで英語を話すしかなかったんです」

住むことになったシェアハウスにも恵まれた。イタリア人、スペイン人、オーストラリア人の4人で暮らした。ここでも、英語でいろんなコミュニケーションができた。

学校に通いながら、2か月目からアルバイトをスタートさせる。学校近くにあった日本食レストランだ。オーナーは日本人。

「日本人のお客さんはほとんどいませんでしたが、ホールスタッフは全員日本人でした。日本人は熱心に働いてくれるから、と言われていましたね。実は今はカフェでフルタイムで働いているので、なかなか難しいんですが、人が足りないときには今も声をかけてもらったりします」

カフェで働くことを考えていたのに、日本食レストランでアルバイトを始めたのは、理由があった。すぐにシドニーを離れることを考えていたからだ。

## 手に職のある人は仕事が早く見つかる

当初から、2年目も滞在できる「セカンドビザ」の取得を考えていたのだ。だが、地方都市での果物や野菜のピッキングなどのファームジョブは気が進まなかった。

そんな中、入国後に情報収集をしていると、観光やホスピタリティ領域でもセカンドビザの申請要件が満たせるかもしれない、ということがわかった。観光地では、観光客が増えているのに、対応できる人材が足りなかったのだ。

「カフェでバリスタをやりながらビザが取れるなら最高だと思いました。そこでケアンズに行くことを決めたんですが、その時点ではまだ本当にセカンドビザの申請要件を満たすかどうかはわかりませんでした。正直、賭けでしたが、チャレンジすることにしたんです」

バリスタの求人は、インスタグラムで探しやすいと聞いていた。お店が情報をアップしていたり、求人を出していたりする。実際、ケアンズに行く前にやりとりをして、すでに面接が決まった店も3つあった。

「留学エージェントにアドバイスをもらったのは、バリスタとしての自分のインスタを始めることでした。そこにラテアートなど、日本で働いていたときのバリスタとしての実績をアップしておくと、スキルを示すことができるわけです」

だが、ケアンズでの面接ではトライアルまで進むものの、採用には至らなかった。しかし、あきらめずにインスタを開くと、アップされたばかりの求人情報に出会った。街の中心部から車で20分ほどのコーヒーショップだった。

「正直、幸運だったと思います。タイミングが良かった。仕事が早々に見つけられた理由の一つは、まだセカンドビザの申請要件が満たされるか、はっきりしない状況で行ったことが大きかったと思っています。このタイミングで入ってきた人は、仕事がまだあったんです。でも、ビザが取れるとわかってから来た人たちは、もう難しかった。小さな街ですから」

リスクを取ったからこそ、リターンがあったのだ。そして採用の決め手になったのは、バリスタ経験だった。

「やはり手に職は強いな、と思いました。もちろん英語はそれなりにできないと雇ってはもらえませんが、英語がすごくできて経験がない人より、英語はそこそこで手に職のある人のほうが仕事は早く見つかります」

採用側が何を求めているのか、その見極めが大切になるということだ。

カフェで働いている間、多くの日本人が履歴書を持ってきたという。しかし「経験がない」「英語ができない」では、オーナーにつなぎようもなかった。「とにかく仕事が」では通用しないということだ。

ケアンズで半年間を過ごし、その間にパンデミックビザを取得した。シドニーに戻り、ケアンズの経験を活かして現在のカフェで仕事を得た。週に約10万円、月収で約40万円の生活を送る。セカンドビザの権利もあるため、最大3年、オーストラリアにいられる。

「驚くことがたくさんあります。発見の毎日です。社会人になると、変化ってなくなりますよね。でも、その変化が毎日ある。とにかく多様性に触れられます。働き方とか、生き方とか、日本では絶対に感じることができないものに触れられるのが、一番の価値だと思っています」

インタビューの翌日、古河さんの働くカフェでオーストラリアならではのコーヒー「フラットホワイト」をいただいてきた。カウンターの中で、外国人に混じって溌剌と働く彼の姿があった。

## やっぱり先駆者、チャレンジャーが得をする

オーストラリアの圧倒的な人手不足の時代は、終わった。すでに状況はコロナ禍前の日常に戻っている。

だが、仕事がまったくないわけではない。ワーホリを終えて帰国する人がいれば、そこに空きが出る。新しい店ができれば、スタッフが必要になる。

それこそ、パンデミックビザは、2023年9月2日で新規発行が終了した。このビザで滞在できるのは、最長でも2024年9月1日まで。つまり、短期間で多くの若者がオーストラリアを出て行くことになる。大量の「空き」が出てくる可能性もあるということだ。

また、フルーツの収穫などは、最盛期は春から夏。ファームジョブも季節をしっかり考えてトライする必要がある。私が行った6月のような秋冬よりは、春夏の季節に間違いなく人の需要は高まるだろう。

シドニーの語学学校MITで多くの日本人ワーホリと接してきた男性スタッフ・通称

「ＫＩＴ」さんはこう語る。

「みんなと同じことをしていたら、やっぱり難しいでしょう。例えば、シドニーの飲食店で働きたいといっても、シティと呼ばれる中心街が便利だからと、そのエリアばかりで探す。でも、みんな考えることは同じなんです。だから、シティの飲食店に応募が集中してしまう。そこから一歩、踏み出してみることです」

ところが、そんな行動を起こす人は、案外いないのだという。

「そこまで考えがいかないんです。シティからちょっと離れてみたら、状況は全然変わるんですよ。みんな同じところでばかり、探しているんです。だから、一杯なんですよ」

同じくＭＩＴの男性校長、通称「ＹＯＳＨＩ」さんはこう語る。

「やっぱり先駆者、チャレンジャーが得をする、という理解が重要ですよね。コロナ禍が明けて、どうなるかもわからない状況で来た若者たちには、やっぱりオーストラリアの人たちもうれしいわけです。ありがとう、ありがとう、ということになる。感謝されて、仕事も見つけられる」

しかし、先駆者が得たメリットだけを見て、それなら自分もおいしい思いを、ということになるとそうはいかないのだ。

「でも、また先駆者になれるチャンスが来ますよ。今、オーストラリアは厳しい、となると来る人が減るでしょう。パンデミックビザが切れるタイミングもそうですし、そもそも６月末になると、学生ビザで無制限に働けなくなるんです。そうなると、学生ビザで働いていた人が働けなくなって人が足りなくなってくる。募集が始まるんです。こういう情報をちゃんと事前に入手しておくことです」

日本にはそんな情報は流通していない、などと考えてはいけない。先のフェイスブックのグループもそうだが、オーストラリアの現地情報が日本にいながらにして、いくらでも手に入る時代なのだ。

「むしろ問題なのは、フェイスブックしかり、インスタグラムしかり、誰かの個人の投稿にばかり振り回されることです。個人投稿は基本的に自分は得している、損している、という情報しか流さない。しかも、投稿には責任はありませんから」

地に足のついた情報を手に入れ、自分に活かしていったほうがいい。例えば、人と違うことをやってみる。発想を変えてみることが求められるのだ。

## 現地レストランのマネージャーの本音

実際にワーホリ人材を採用する側はどんなことを考えているのか。日本はもちろんアジアでも展開し、シドニーでも複数店舗を展開する日本食レストランチェーンの女性マネージャー・Sさんが、匿名で話を聞かせてくれた。

「この2か月は、サイトを通じての応募や直接、履歴書を持ってくる人を合わせると1日10人以上の応募があります。まずは面接をして、トライアルをして採用というプロセスになりますが、面接まで進まない人のほうが多い状況です」

やはりコロナ禍が明けて国が開いた直後の2022年2月、3月頃は人が足りなかったという。そのタイミングでは、育成という考え方も視野に入れて人を採用していたが、今はそうではない。

「アジアの方にはお店の名前が知られていることもあって、いろいろな国の方からの応募があります。今、問うているのは、サービス業、ホスピタリティの経験があるかどうかです」

このレストラン自体、日本ではカジュアルな雰囲気を持たれているが、オーストラリアではもう少し高級路線になっている。

「カジュアルとファインダイニングの間くらいの路線で、サービスもそれなりに行き届いている、というところを目指しています。ですから、丁寧な接客、しっかりした言葉遣いができる人を求めています」

ところが、日本の飲食業でのアルバイトの感覚でやって来る日本人は少なくないらしい。日本の店のイメージで、ここなら入りやすいだろうとトライしてしまうとイメージギャップが生まれる。

シドニー到着後、この店に食べに行ってみたが、たしかに日本で展開されている店に比べると高級感があった。お客はすべてオーストラリア人だったが、近隣のオフィス街で働く、それなりの報酬を得ているビジネスパーソンという印象だった。

ちなみに物価の違いもあるかもしれないが、ランチも飲み物をつけると日本円で約3000円にもなる。働こうとするときに、現地のお店は実際にどんなところか、どんなお客が来ているか、どんなスタッフが働いているのかをチェックしておくことも重要だということだ。

「日本人は、そのあたりを理解して応募している人は、少ない印象です」

英語力に関しても、語学学校の能力別クラスで上から2番目くらいまでを求めているという。3番目で採用するのは、まわりの状況を見る力など、英語力をカバーする何かを持った人材だ。

「昔よりは英語ができる日本人の若者も増えました。できる若者とできない若者の差がすごく激しくなってきていると感じています」

ただし、力量があれば時給も変わっていく。どんなタスクができれば時給が上がるのか、明らかになっているという。

「どのくらいシフトに入るのか、も同様です。能力があれば、たくさんのシフトを提案されますし、能力がなければ、あまりシフトはもらえません」

このあたりも、日本のアルバイトの感覚で考えていると間違える。入れるときに入れられる、ではないのだ。どのくらい働けるか、どのくらい稼げるのかは、能力次第、努力次第なのである。

ちなみにこのSさんは、かつてワーホリでオーストラリアに入国。この飲食店でアルバイトで働き、能力を認められて正社員となり、就労ビザを得て長期滞在している。

もちろん、すべての飲食店が同じではないかもしれないが、日本的なアルバイト感覚の危うさには、気づいて入国したほうがいい。

## ITエンジニアとしてワーホリで働く

ワーホリで働く、というと飲食店がイメージしやすいという人も多いが、すでに書いているように働く職種や業種に制限はない。そこで、もともと日本で培ったスキルを活かして働くという方法もある。例えば、ITエンジニア。

実際、ワーホリで入国した若者を業務委託のITエンジニアとして採用している会社「Sazae」の社長、溝尻歩さんに話を聞くことができた。

溝尻さんは大阪のIT企業でシステム開発やサーバ運営を担当。オーストラリア女性と結婚し、2009年に移住した。現地のIT企業勤務などを経て、2015年に起業。ITコンサルティング、開発、外資SaaSの導入などを事業としている。

「当初はオーストラリアのクライアントを中心にネットワークなどを手がけていましたが、リモートでの仕事が増え、日本市場にアクセスできるようになりました。今では7割が日本のクライアントの案件になっています」

グループで約60名。日本にも約10名の拠点を持ち、オフショア開発を行っているベトナムにも約15人の人員がいる。クライアントの日本企業からすれば、海外の先進的なITソリューションをリモートで日本語で手に入れることができるわけだ。

オーストラリアでは、日本語とITができても、なかなか仕事にはつながらないという。しかし、ここに英語が加わると、日系のIT企業で仕事をするという選択肢が生まれる。

「実はワーホリで入ってもらっていた人で、今は日本で働いてもらっている、というケースもあります」

ただ、ワーホリでITエンジニアとして働くことは、簡単なことではない。

「6か月しか働けない、という縛りがあるのが、やはり大きいです。それなりの即戦力で、やれることもかなりレベルが高いものが求められます。学生ビザで来ている人からも、働ける時間に制限があるものの、たくさんアプライ（応募）いただいています。MBAや修士の方が多く、豊富な経歴を持った方を採用させていただいています」

実は溝尻さん、IT技術者やオンラインマーケティング系の情報交換・親睦の場として、シドニーにJAIT（Japan Australia IT）という名称の団体を立ち上げ、参加者間のネットワーキングやスタートアップ支援を行っている人物でもある。

「移住してきたとき、どうやって就職活動をしていこうかと考えたんですね。スキルや求められるやり方が、日本とは違っていたからです。そういう情報交換の場がないかな、と思って、自分が立ち上げたんです。僕はお酒が飲めないんですが、飲み会が好きなんです（笑）。人を集めて何かをやるのは楽しいので」

すでにメンバーは1000人を超え、定期的にイベントを行っているという。

「こっちでIT企業に勤めている日本人もたくさん来ます。実はイベント参加は日本人じゃない人のほうが多いくらいなんですが。いろんな情報が手に入りますよ」

ITエンジニアのスキルは、現地の就職には有利だという。ただ、やはり最後にネックになるのは、英語力。ローカルのIT企業では、マネージャー職はコミュニケーション力の高いネイティブが多いという。一方、エンジニアは7、8割が海外の人材なのだそうだ。

## 日本では絶対にやらなかった仕事だから面白い

ワーホリで日本を出て、溝尻さんが社長を務めるSazaeで、業務委託としてITエンジニアの仕事をしている日本人女性にオンラインで話を聞くことができた。ブリスベンに滞在中のKさん（29歳）だ。

2017年に大学を卒業、約5年半、外資系コンサルティング会社に勤務していた。2022年12月に退職、2023年2月からオーストラリアへ。3月からSazaeにジョインした。

「外資系企業に勤めていましたが、お客さまは日本企業ですし、海外出張の機会も意外にない。いつか海外で働いてみたいという気持ちを持っていましたので、それができるのがワーホリでした」

英語の勉強も兼ねて、現地のIT企業で働いてみたいと考えていた。だが、アプライをしてみたものの、Sazaeのほうが先に決まった。

「現地のIT企業は、英語の求人サイトに出ていた普通の人材募集でした。ワーホリの人材を求められていたわけではないですし、英語力がマッチしたポジションではなかったのかもしれません。理想は現地企業でしたが、ハードルが高かったというのが、正直なところです」

Sazaeは日本にいる間に、オーストラリア情報を発信しているサイトの掲示板で見つけていた。ITエンジニアを探していたのを知っていたのだ。やはり、日本にいる時点で、かなりの情報を収集していたという。そしてリモートで面接し、採用が決まった。

「ワーホリでIT系の仕事を見つけようとしている人は、まわりにはいなかったです。募集もないですしね。現地の人と同じ土俵に立てばあるんですが、それはやはり英語力が求められます」

Kさんは実は2022年の6月から9月の3か月間、休職してメルボルンの語学学校に通っていた。あらかじめ、英語を学びに来ていたのだ。

「海外の生活がどの程度のものなのか、確かめたかったんです。そのときにワーホリで来ている人たちとも友達になり、ワーホリもいいな、と思ったんですよね」

シドニーのSazaeとブリスベンでリモートでやりとりしながらITエンジニアとして働いているが、並行して現地のレストランでも仕事をしている。

「みなさんやっていましたけど、やっぱり履歴書配りをして、最初に採用されたのがレバノン人が経営しているカフェでした。おそらくこの年齢で日本では絶対にやらなかっただろう仕事をすることになったというのは、逆にとても面白いですね。せっかくなので、楽しみながら、いろんな学びを得ています」

今後は就労ビザの取得を目指している。経営コンサルタント経験は職種的な条件を満たしているが、壁になっているのは英語力だという。そのための勉強も推し進めている。

「英語でコンサルティングの仕事をするか、それとも別のITの領域で違う専門をつくるのか、いずれにしても英語をもっと使って仕事をしたいと考えています」

## 30歳を過ぎてから大胆なキャリアチェンジ

もう一人、Sazaeで話を聞いたのは、正社員として2023年5月にジョインしたという男性・Mさん（31歳）だ。ワーホリも含めて、ユニークな経歴の持ち主だということで紹介してもらった。

2014年に日本の大学を卒業後、物流系の企業に入社。貿易事務の仕事をしていたが、オーストラリア女性と結婚。2019年末に退職して、2020年2月にオーストラリアにやって来た。

このときに使ったのが、ワーホリビザ。現在は配偶者がオーストラリア人であれば取得できるパートナービザで住んでいるが、実はその申請が簡単ではなかった。

「本当に健全な結婚なのか、という証拠を集めて申請しないといけないんです。第三者に証明してもらったりする必要があるんですね。友達だったり、彼女の家族だったり。あと、もちろんお金もかかります。その手続きに半年くらいかかったんです」

国際系の大学に通っていたため、英語力はそれなりにあると自負していた。しかし、なかなか働き口が見つけられなかった。新型コロナの前だったのに、である。

「ワーホリビザは一雇用主のもとでの就労期間は6か月という制限があります。だから、フルタイムで働けるところは、ほとんど採用してくれるところがないんです。一般的な求人を見ても、ワーホリビザでは働けない、と書いてあるところのほうが多かった」

仕方なく、当初はレストランのキッチンで働いていた。ところがそこにやって来たのが、コロナ禍だった。お店はクローズになり、1年ほど無職になってしまった。ここで考えたことがあった。キャリアチェンジをすることだ。

「物流の仕事をしているとき、無形のものを提供するというビジネススタイルだったので、何かリアルなものをつくる側になりたいな、という気持ちが漠然とあったんです。小さい頃からずっとパソコンに触れていたこともあったので、プログラミングをやってみようかと」

すべては独学だった。「Udemy」の動画を片っ端から見た。

「無職の間は、寝る、食べる以外は、ずっと勉強していましたね。ただ、働いていない間は穀潰しのようなものですから、さすがに仕事をしないと、と思って」

ようやくパートナービザが取れたタイミングで期間の制限なくフルタイムで働けるようになり、日本での物流事務経験を活かせるアート関連の会社の仕事に就いた。Sazaeの溝尻さんから連絡がきたのは、それからしばらく経ってからのことだ。

「まったく面識はありませんでした。ところが、リンクトインでジュニアのポジションを探していて、私を見つけたようなんです」

ITでの実務経験はなかったが、リンクトインには「自分のプロジェクトとして、こんなものをつくった」とアップしていた。また、ITスキルのスキルバッジも獲得していた。

2023年2月から3か月のインターンを経て、5月にジョインした。

「ここしかないと思いました。まさかオファーが来て、かつそれが日本企業だなんて思いも寄りませんでしたね」

海外に来て、30歳を過ぎてから大胆なキャリアチェンジをし、そのスキルによってフルタイムの正社員としての就職を実現させることができたのだ。

「チャンスはどこにあるかわかりません。ですからお勧めするのは、いま自分が持っているスキルをもう一度、洗い出してみることです。それから、求人サイトを見てみると有益な情報に出会えるかもしれない。どんな募集があるのかなど、違う角度から、採用が見えてきますので」

あらかじめ求人サイトを日本にいるときにしっかり見ておくことだ。

「こういうスキルが需要があるんだな、と知っておくことで仕事につながるかもしれない。実際、ＩＴ系でワーホリでも構わないので短期でプログラマーを募集しているケースもあるんです」

いずれにしても、いろいろな可能性は潜んでいる。人が増えてきたといっても、できることは、たくさんある。そしてオーストラリアでは、人はどんどん流動していくのだ。

# 第3章

# 進学、起業、国際結婚

## ワーホリで見つけた新しい生き方

## ワーホリを終えたあとの選択肢

オーストラリアは最長3年だが、ワーホリは基本的に1年。短期間、海外で過ごしてくるだけ、というイメージを私は持っていたのだが、実はそうでもないということも今回、知った。

もちろんワーホリビザは年数が限られているので、ワーホリビザでは帰国しなければならない。しかし、他のビザを取得して残る。あるいは一度、日本に戻ってから、再び別のビザで入国を果たす。そんな人もいるというのだ。

日本を出てみたら、思いのほか、海外は自分に合った。このままもっと海外で過ごしてみたい。あるいは、場合によっては永住権を取得して、ずっと住めるようにしてみたい。そういう選択肢も、現実としてあるのである。

例えば、ワーホリでオーストラリアに入国した。オーストラリアを気に入って、セカンドビザを取ることにした。しかし、サードビザを取っても3年。

そこで、選択肢としてあるのが、専門学校に入学するという方法だ。これで、学生ビザを手に入れることができる。

先にも触れたように、オーストラリアには語学学校で学ぶ学生がたくさんいる。ワーホリ以外で語学学校に通っている外国人が持っているのは、学生ビザだ。そして学生ビザの場合は、このくらい学校にきちんと通わなければいけない、この期間は無制限には働けない、など一定の条件がそのときそのときに定められるが、基本的に自由に働くことができる。

日本人は誤解している人が多いと聞いたが、学生ビザは日本の学生にしか取れないわけではない。社会人からオーストラリアに行き、専門学校に通うことになれば学生になるのだ。だから、学生ビザが取れる。

これはワーホリの年齢制限を超えても、学生ビザなどで滞在できるチャンスはあることも意味している。つまり、30歳を過ぎていても、オーストラリアで働くことができるのだ。

実際、オーストラリアには、世界中から日本なら社会人の年齢の学生がたくさんやってきている。ビジネス系の学校から、食やバリスタのスキルを学ぶ学校、美容系の学校など、さまざまにある。

学ぶ内容にもよるが、数十万円の費用で通うことができる専門学校もある。実際、ワーホリビザが切れるタイミングで専門学校への入学を決め、そのままオーストラリアに残る選択をする人もいる。

また、オーストラリアの大学や大学院に入るという人もいる。社会人の学び直し、あるいは学歴を海外でさらに高める。そんな選択肢もあるのだ。ただし、ネックとなるのは、外国人には大学や大学院の費用はとても高額だということ。

学校にもよるが、年間３００万～４００万円は覚悟しなければならないようだ。学費だけで、である。だが、ワーホリ中に大学院に行きたくなり、がんばって稼いで学費の大部分を貯めた、という人もいた。

そして大学院が始まれば、また稼ぎながら過ごせばいい。賃金が高いがゆえにできることかもしれない。

永住権取得を目指す人もいる。後に詳しく書くが、オーストラリアでは、永住権が取りやすい職業が明らかにされている。これは政府が発表しているのだ。例えば、医者や看護師、高度なスキルを要するエンジニア、会計士、シェフもそうだ。

実際、日本ではアグリ関連の仕事をしていたが、ワーホリでオーストラリアに惚れ込み、どうしても永住権が欲しいと、オーストラリアでシェフを養成する専門学校に入学。実際にシェフとなって、永住権を獲得した人もいるという。他にも、さまざまな職業で、永住権取得の道筋がつくられている。

永住権を取ったからといって、オーストラリアに住まなければいけないわけではない。日本に住んでもかまわない。ただ、オーストラリアにも住み続けられるという、選択肢を手に入れられるのだ。

人生の選択肢がたくさんあるというのは、極めて豊かなことである。

## 現地の大学院に進学してITエンジニアに転身

ワーホリでオーストラリアに入国。大学院入学を実現させてキャリアチェンジも図り、現地の会社で働くという目標をかなえた男性にインタビューすることができた。西シドニー大学大学院を経て、ベンチャー企業でITエンジニアとして働く清野大幹さん（31歳）だ。

日本の大学を卒業、新卒で入社した大手家具販売会社を3年で退職。2017年にワーホリでオーストラリアにやって来た。

「学生時代から海外で働きたいという気持ちがあって、そのチャンスがあると聞いて海外事業部がある会社に就職したんです」

大学4年生のときには、4か月、フィリピンに短期の語学留学をしていた。当時の費用で45万円。アルバイトで貯めたお金を英語の学習に投資していたくらい海外志向が強かった。

「ところが入社してみると、まずは現場で7、8年はがんばらないと、と言われて。そんなに時間がかかるのなら、自分で道を探そうと思ったんです」

このとき見つけたのが、留学エージェントのワールドアベニューが展開している「ビジネスインターンシップ」だった。後に詳しく書くが、ワーホリでビジネス英語の習得、さらには現地企業でのインターンシップを組み込んだプログラムだ。

「それで3か月、現地でイベントを企画したりしている広告代理店で働く機会をもらったんですが、現実がわかりました」

インターンとして顧客の管理やウェブコンテンツにかかわる仕事をしたが、想像したような仕事はできなかった。英語がネイティブレベルではないということに加えて、日本人にできる仕事は限られることに気づいたのだ。

「あわよくば、ビジネスビザを取得して働き続けられるかもしれないと思っていたのですが、それどころではないと気づきました。仮に英語ができても、それこそ同じ仕事をするならオーストラリアの人を雇ったほうが簡単なわけです。それなら就労を可能にするビジネスビザを出す必要もないですしね」

もし海外で働きたいなら、身の振り方を考えなければいけないと思うようになった。このとき、もともと新卒で入った会社員時代から興味を持っていたものがあったことを思い出す。ＩＴだ。

こうして、キャリアをシフトすることを考えた。ＩＴなら、日本人にも現地で働くチャンスがあるのではないか、と。

「でも、僕は理系出身ではありませんでした。だから、自信がなかったんですが、たまたまルームシェアをしていて仲良くなったタイ人にアドバイスをもらって。キャリアチェンジは日本にいるときよりも簡単じゃないか、と」

こうしてシドニーで理系の大学院に入る、という目標を立てた。インターンシップが終わると、クイーンズランドのファームジョブに行き、セカンドビザを取得した。大学院の授業料をアルバイトで貯めるため、そして英語に磨きをかけるためだ。

「大学院に入るためには、IELTSという英語の資格が必要になるんです。日本のTOEICのようなものですが、IELTSはスピーキング、リスニング、ライティング、リーディングの4つで一定条件の英語能力を示さないといけません。2年目は、この勉強を続け、実際に試験も受けていました」

シドニーでのアルバイトは、ローカルのバー。知人に紹介してもらったのだが、スタッフはすべてオーストラリア人という店に雇ってもらうことができた。

「まずはトライアウトからでした。どれだけ働けるかを、チェックされるわけです。ここで、日本人魂を見せました（笑）。ひたすら足を使って走り回って、熱心に働く。こういう働き方は、オーストラリア人にはできません。それで認めてもらえたんです」

複数店舗があり、別店舗にも異動できたので、6か月という期間の縛りも気にする必要がなかった。ローカルスタッフが働くような店である。しかも、夜の仕事だ。時給は50豪ドルを超えた。これがさらに高くなる土曜日、日曜日、祝日にも積極的に入り、約1年で200万円ほど貯めた。

## ローカルのベンチャーからキャリアアップに挑む

ワーホリが終わったあとは、日本に帰国。派遣会社を通じての外資系ＥＣ企業の電話営業の仕事に加え、週末には副業で民泊サイトのリモート顧客管理の仕事も引き受けた。そして合間にＩＥＬＴＳとプログラミングの勉強に励む日々を過ごした。

１年で、オーストラリアで貯めた分と合わせて必要な資金をつくり、日本でも受験できたＩＥＬＴＳで合格通知を得る。

留学エージェントのアドバイスも受け、さまざまな書類を整えて、２０２０年に入学したのが、西シドニー大学大学院。ICT学部というソフトウェア開発がメインの学部だ。

だが、当初は手痛い洗礼を浴びたという。大学院に入学してみると、ＩＴの実務経験を持っていない学生は他にいなかったのだ。学生の多くはインド人だった。

「のけ者にされていましたね。経験がないなら、別のグループに行ってほしい、とか。自分たちの勉強の足を引っ張らないでね、ということだったんだと思います」

そんな中で猛烈に勉強した。１日14時間ひたすらコードを書いていたりしたという。経験がないだけに理解が追いつかなかったからだ。勉強に集中するために、アルバイトは日本でやっていた民泊サイトのリモート顧客管理の仕事だけに絞った。それが、週16時間だけ。残りはすべて勉強に充てた。

そして1学期終了時、GPAと呼ばれる評点で7点が満点のところ、6・125という誰よりもいい成績を取る。奨学金も、もらえることになった。これで、のけ者にしていた外国人の同級生たちの態度が一変した。

「2学期以降は、まったく困ることはなくなりました。やっぱり結果を出すことがすべてですよね」

2年間でGPAは6・1。自分でも満足いく成績だった。オーストラリアでは、大学を卒業すると卒業ビザがもらえる。今は2年だが、当時は3年。つまり、3年の間に正式に働く会社を見つければいいということだ。その間は、他の仕事をしていてもかまわない。

「就職には大学のサポートもありましたが、提携している企業も限られますから、自分でindeedなどの求人サイトで仕事を探して応募していました」

卒業ビザがあるくらいである。1社目は、簡単に見つかるものではないという。周囲もなかなか決まらなかった。しかし、小さなスタートアップを考えていたので、卒論を提出し終わって2週間ほどして就職先が決まった。

「面接時に大学院でつくったものを見てもらったりしましたが、正直、ポテンシャル採用だったと思っています」

こうして念願だった大学院、さらにはローカルのベンチャー企業で働くという目標を実現させたのだ。働いて2年。次は、さらに腕が磨ける会社への転職を考えている。ちなみに、同じような仕事の平均月収は日本円で約60万円だそうだ。

現在、永住権申請を考えている。申請には、スキルや英語力などでポイントを貯めていくことが求められる。

一方で海外に出て、日本の良さも実感している。だから、どちらでも選べる、という選択ができることが理想だと語る。

「日本で就労経験がある人が来るといいと思います。そうすれば、日本の仕事と比較ができますから。僕の場合は、会社も辞めて、背水の陣で自分を追い込んだことが良かったと思っています。でも、海外に出たことで、本当に視野が広がり、自分が大きく成長できたことがわかりました。一切、後悔はないですね」

## 現地の大学に編入して正看護師になる

もう一人、2016年にワーホリでオーストラリアに来たあと、現地で専門学校に入学して学生ビザに切り替え、その後、現地の大学を2年間で卒業。正看護師の資格を取得し、アデレードで現地の病院に勤務している女性にインタビューできた。山本瑠璃さん（34歳）だ。彼女はすでに永住権も取得している。

「子どもの頃から英語や人道支援、ボランティアに興味があって、将来は海外で働きたいと思っていたんです」

そこで入学したのが、4年制大学の英米文学科。だが、英語だけ勉強することがやりたいことではないとすぐに気づき、人と触れあえる仕事、海外にも行ける仕事として選んだのが、看護師の道だった。

「専門学校に入り直し、看護師になって3年間、総合病院で働いていました。でも、ずっと海外に行こうという思いは持っていて」

ミャンマーにボランティアで行く機会があり、看護師として海外で働くなら英語が必要になることを痛感した。そんなとき、オーストラリアで看護師が行くワーホリのプログラムがあることを知った。先にも紹介しているワールドアベニューの「有給海外看護インターンシップ」だ。

「英語力を高めることもそうでしたが、忙しい毎日でしたので、オーストラリアの自然に癒されるイメージもありました。プライベートの時間とか、ほとんど記憶にないくらいの毎日でしたので。また、多民族多文化国家と聞いていたので、音楽やアートなど、看護以外の視野も広げられると思いました」

職場には1年前に伝え、準備を進めた。病院勤務で忙しい中でも、フィリピン人の講師とのオンライン英会話は続けた。

「それでも英語には不安はありましたが、ワクワクのほうが勝ってしまっていましたね。できなかったとしたら、もうしょうがないと開き直って」

そして2016年、病院を退職してワーホリに向かう。語学学校に入り、カフェのアルバイトを始めた頃から、もっと長くオーストラリアにいたいと考えるようになった。セカンドビザを取得しようと、ファームジョブは地方都市でブルーベリー摘みをした。

シドニーに戻ってからは、プログラムに含まれていたアシスタントナースとしての老人ホームでの介護の仕事に従事した。

「この頃は、お金を貯めたかったので、入れるときはどんどん入っていました。週7日、仕事をしていたときもあります」

まだはっきりと進学を考えていたわけではなかったが、いろいろなオプションを考えると、自らお金はあったほうがいいと考えた。派遣会社との契約期間が切れるタイミングが来ると、自ら就職活動を行い、一つの老人ホームで仕事ができるようにした。こうして、安定的に仕事ができるようになった。

「2年目のワーホリが終わったとき、次はどうしようと考えたんですね。実はイギリスの大学院に入って、国際看護師になるというプランがそのときにあったんです。でも、オーストラリアの素晴らしさ、現地でつくった人脈もあって、やっぱりここに残ろうと思いました。オーストラリアの大学に編入して、正看護師になろう、と」

大学に入るためには試験をクリアする必要があるが、ビザの残りの期間が少なくなってきていた。そのため、ビジネス系の専門学校に入り、学生として滞在期間を延長した。

「一度、日本に戻ってから、お金を貯めて大学のために来る、という人も多いんですが、私の場合は仕事の基盤もあったし、友達もいたし、英語を伸ばせる機会だから、これはストップしないほうがいい、と思ったんです」

## 6週間の有給休暇で家族と楽しく過ごす

ビジネス系の専門学校だった。できるだけ学費の安いところを選んだ。学費は数十万円。そして通学しながら、アシスタントナースとして働き、大学の学費に備えた。

「制度がいろいろ変わるんですが、当時は日本の4年制の大学を出て看護師になっていれば、短期間で正看護師になれるコースがありました。しかし私は専門学校だったので、1年か2年のコースを選ばなければなりませんでした。2年のほうが永住権に有利だと留学エージェントに教わって、2年コースに行くことにしました」

入学に当たっての最大の壁は英語力だった。実際、英語の試験で躓く人が多かったのだというが、勉強の甲斐あって試験を無事にクリア、大学に編入することができた。

2年コースだったが、学費は日本円で700万円近くになった。ずっとお金は貯めてはいたが、ここまでは貯めることはできなかった。親からのサポートを受け、少しずつ返している。
「大学の2年間は、とても楽しかったです。看護師を日本でやっていましたから、内容自体に難しさを感じることはありませんでした。だから、在学中はアルバイトにも重点を置いていたんです。ちょうど2年目に新型コロナが始まって、ＰＣＲ検査のクリニックがスタッフを募集していて雇ってもらうことができました。そこがとにかく忙しくて、仕事には困りませんでした」

卒業後の就職は難しいと聞いていたが、なんと実習先の公立病院から誘われた。そこで仕事が始まった。
「職場の雰囲気もいいし、チームも良くてすごく楽しかった。でも、もともと緩和ケアをオーストラリアで学びたい気持ちがあったので、ホスピスの応募を見た時にやってみようと」

折しもアデレードで緩和ケアの有名なホスピスが看護師を募集していたのだ。応募すると採用してもらうことができた。
「公立病院は重度認知症の専門病棟なんですが、とても興味があったし、奥が深い。緩和ケアともつながるので、ここの仕事も続けたかった。それで、ここではカジュアルというポジションで仕事を残してもらって、メインのホスピスで週3回働きながら、働きたいときに公立病院にも通っています」

1つの病院で正社員になりながらも、2つ目の病院でも仕事を掛け持ちできる。こんなこともオーストラリアならでは、だろう。

永住権は、2021年に取得した。看護師は、オーストラリア政府が積極的に求めている人材。大学を卒業し、看護師になってすぐに取得できたという。

「オーストラリアで看護師として働き始めて驚いたのは、有給休暇が1年に6週間もらえることです。シフト制で働いている人には、法律上、これだけの有給が保証されています。つい先日も6週間、日本で過ごしていたんです」

日本で看護師をしていたら、週末、何回、親に会えるか、という状況だったのだという。

「ずっと一緒に6週間、家族と楽しく過ごすことができるのは、とても大切だな、と改めて思っています」

病欠でも年に10日ほど休める。自身もそうだが、家族や子どもが具合が悪くなれば、給料を得ながら休める。しかも、働くのは週4日。これが看護師では、一般的だという。

そして今、オンラインで緩和ケアをテーマに大学院で学んでいる。

「ヨガやマインドフルネスにも興味があるので、そういったことも勉強中です。将来的に緩和ケアやセルフケアも含めて、心と体を大事にすることや、今を生きる、楽しむ大切さ、また自然の素晴らしさなどを多くの人に伝えていけたらと思っています」

オーストラリアに来てからは、将来のことをゆっくり考えたりする余裕や、学ぶ時間ができたと語る。

「ワーホリは、人生を豊かにできる時間をつくってくれました。仕事も辞めてきたので、本当に自分がやりたいことは何かを考えたり、視野を広げるきっかけになりました。30歳までに決断することで、その後の人生は間違いなく変わると思います」

実際、山本さんはワーホリをきっかけに人生を一変させることになった。海外で働くという夢も実現できた。人生を大きく変えるチャンスは、誰にでもある。

## ワーホリで人生が大きく変わった人たち

もう一つ、オーストラリアに長期で滞在できるビザがある。ビジネスビザだ。いわゆる就労ビザである。企業などに採用され、ビジネスビザを取得することができれば、学校に通ったりしていなくても滞在は可能だ。

しかし、ビジネスビザの取得はかなり難しい。ビジネスビザを出せるかどうか、あるいはその数は、政府がさまざまな条件を設けている。どのくらいの売り上げがあるか、どのくらい納税をしているか、どのくらいローカルの人を雇用しているか、永住権を持っている人がどのくらいいるか、といった会社の状況によって、ビジネスビザを出せるかどうか、またその数が変わってくる。

となれば、会社はおいそれとビジネスビザを出すことはできない。本当に大事な幹部にだけ出す、といったことになるわけだ。したがって、ビジネスビザをもらって長期滞在しよう、というのは現実的ではないと考えたほうがいい。

それでも、まったく不可能なのかといえば、そんなことはない。先に紹介した日本食レストランのマネージャーは、ワーホリで入国し、アルバイトで働いているときに、会社から気に入ってもらってビジネスビザをもらうことになったのだ。

また、現地の語学学校のスタッフＫＩＴさんに聞いたのは、シドニー在住で日本食レストランを２つ経営している日本人のエピソードである。

２００６年にホスピタリティを学ぶために学生ビザでやってきて、専門学校に通った。その後、日本に一度帰国して、今度はワーホリでオーストラリアへ。さらに学生ビザで学校に通いながら日本食レストランでアルバイトをしていたが、この店の永住権を持っている日本人オーナーから気に入られ、ビジネスビザを取得することができた。

さらにその後、日本人オーナーから店を譲ってもらうことになり、オーナーに。加えて、自分でも日本食レストランを開き、２つの店のオーナーになっているという。現在は、永住権も取得。実業家としてオーストラリアで暮らしている。

ワーホリ終了後、どんなキャリアを歩んだ人がいるのか、一覧表を掲げた。すでに大学院への進学は紹介したが、日本での社会人生活を経て、現地の大学に進学しているという人もいる。キャリアチェンジをし、オーストラリアでの就職を目指しているという。

### ワーキングホリデー後のキャリア

| 元の職業 | ワーホリ後のキャリア |
|---|---|
| 会社員 | 帰国→現地の大学院→卒業ビザ→永住権申請 |
| 銀行員 | 帰国→カンボジアで人材紹介会社に就職→カンボジアでフリーランス |
| 看護師 | 帰国→沖縄で応援ナース→国際結婚→渡仏→グアドループ島へ移住→がん治療・生活の不安の相談専門員 |
| キャビンアテンダント | 帰国→留学カウンセラー→航空業界へ転職 |
| 会社員 | 帰国→日本で就職 |
| 大学生 | ビジネスビザ→国際結婚→永住権→オークランドで契約社員 |
| 会社員 | 学生ビザ→現地の大学→卒業ビザ→現地で就職 |
| 看護師 | 学生ビザ→現地の大学→卒業ビザ→ブリスベンの病院勤務→永住権申請 |
| 看護師 | 学生ビザ→現地の大学→正看護師資格取得→永住権 |
| 看護師 | 語学学校→学生ビザ→現地の大学→永住権→シドニーでクリニックを開業 |

日本に帰国して、その経験を活かす、という人も。転職して別の会社に勤務したり、英語力を活かして看護師からキャリアチェンジし、外資系の医療系企業に転職している人も。中には、留学エージェントに就職して留学カウンセラーになった人もいる。

また、オーストラリアではなく、他の国で暮らしているという人も。地方銀行を辞めてワーホリへ行き、帰国後、カンボジアで人材紹介会社に就職、現在はカンボジアでフリーランスとして活動しているという。海外に出てみれば、幅広い生き方がある、ということに気づくことができたゆえの大胆な転身だろう。

またワーホリをきっかけに国際結婚。フランスに渡り、今はカリブ海に住んでいるという女性もいるという。別の女性はニュージーランドへのワーホリをきっかけに国際結婚、今はニュージーランドに永住している。

こんなことも、人生では起こり得るのだ。

## 看護師がコスメティックサロンを開業した理由

オーストラリアでスモールビジネスを起業してしまった、というワーホリ経験者の女性を紹介しておこう。テラニ渚さん（33歳）だ。シドニーにあるコスメティックサロン「ｎａｇｉｓａ ｓｋｉｎ」(instagram.com/cosmeticnurse_nagisa) のオーナーである。

テラニさんがオーストラリアにワーホリでやって来たのは、２０１５年。日本では、看護師をしていた。

「一度、海外に行ったことがあって、せっかくだから若いうちにワーキングホリデーを使って、英語を学びたいと思ったんです。それがきっかけで、深い考えはありませんでした」

看護師の資格があれば、日本に戻っても就職の心配はないと思った。ちょっとだけ留学しようという軽い気持ちで来たのだ。それが7年後には、オーストラリアでコスメティックサロンを開いていたというのだから、人生はわからない。

テラニさんのワーホリも、ワールドアベニューの「有給海外看護インターンシップ」だった。1年目でファームジョブも終え、2年目も滞在するつもりだったが、2年目のビザは申請せずに学生ビザを取得した。語学学校に入ったのだ。

「せっかくオーストラリアに来たのだから、もっと英語を真剣に学びたいと思ったんです。日常のコミュニケーションは取れるのですが、大学に行けるほどの英語のレベルにはなっていませんでした」

実は、英語はもともとまったくダメだったのだという。軽い気持ちでやって来たが、オーストラリアに来てみたら、日本人以外はみんな英語を流暢に話していることにショックを受けた。

「英語が話せないだけで、ちょっと自分が劣っているような気持ちになってしまいました。これが悔しかった、というのが大きかった」

だから、語学学校に入ったのだ。そして英語ができるようになると、今度はオーストラリアの大学に入学することを考えた。

「日本の看護大学を出ていましたから、オーストラリアでも正看護師の資格を取りたいという気持ちも持つようになったんです。日本人特有かもしれませんが、学位さえあれば、やり切った感があるじゃないですか。それで、大学に行ってみようと思ったんです」

先にも少し触れているが、日本で看護師の資格を持っていれば、現地での大学の年数を短くできる仕組みがある（仕組みは年によってどんどん変わっていくので要注意）。テラニさんは、2年で資格が取れるコースに入った。学科は看護学。

「英語ができる人にとっては、日本の看護学校よりもぜんぜんラクだと思いました。病院実習も、日本なら寝る間も惜しんで勉強するんですが、決められた時間内に病院で過ごすだけでいい。宿題も課題もない。職場環境が守られているというか、時間になったら帰っていい、という雰囲気なんです」

だが、やはりネックは英語だった。

「正看護師の資格を取るには、英語の試験をクリアしないといけないんです。これが大変でした」

先にも紹介したIELTSの試験だ。幸運だったのは、英語の勉強をしなければいけないタイミングで、人生のパートナーを見つけたことである。オーストラリア人の実業家。こうして今や名前も、「テラニ渚」になった。おかげで、英語の勉強に集中できた。

「大学在学中に友達の知り合いとして出会いました。日本にすごく興味のある人だったんです」

結婚という人生の縁も、ワーホリがつくってくれたのだ。

## オーストラリアはスモールビジネスをやりやすい

看護師資格を取得すると、知り合いの紹介でアジア人のドクター4人が経営する美容クリニックで働くことができた。そのうちの一人の皮膚科のドクターに、自分のところで働かないか、と誘われた。

「それでクリニックを移動して、今も皮膚科の看護師として働いています」

このドクターはコスメティックの施術を行っていた。その施術を見て、自分も学びたいと思った。そこで施術が学べる大学院に通うことにした。

「日本の看護師は、法律上、ボトックスやヒアルロン酸注射などの施術はできないんです。でもアメリカやカナダ、イギリスもそうですが、オーストラリアも看護師にできる仕事なんですね。せっかくオーストラリアにいて看護師資格を取ったわけですから、日本ではできないことをやってみようと思ったんです」

パートタイムでクリニックの看護師をしながら、オンラインで約20か月、学んだ。

「たぶん勉強するのが好きなんだと思います（笑）。自分の中で、何かを証明したいんです」

そして、夫の母の知り合いから部屋の1室を借り、コスメティックサロンを自ら開業した。クリニックのパートタイムはそのままだ。

「オーストラリアは、スモールビジネスをとてもやりやすいんです。自分でABNと呼ばれるナンバーを取得すれば、自分でビジネスができる。ちょうど夫が詳しいので、いろいろ教えてもらって」

実は開業を勧めたのもオーストラリア人の夫だった。

「私はビジネスには興味がなかったんですが、どうせなら自分でクリニックを開きなよ、雇われじゃなくて自分でやりなよ、と夫に言われて。申請とか、ウェブサイトの制作とか、夫がいろいろやってくれました」

インスタグラムやフェイスブックグループで情報を発信、予約を取って施術をする。まだ開業したばかりだが、少しずつ顧客は増えているという。

「こちらでは、ニーズはかなりありますね。男性がボトックスを受けることも多いんです。勤めているドクターとやっていることは同じですが、お互いまったく気にしていません」

もし仮に日本にずっといたら、開業するようなことはしなかっただろうと語る。

「日本って、ブランドを気にするじゃないですか。みんな、大きなところとか、有名なところに行きたがる。でも、オーストラリアはそういうことがないんです。みんな自分でウェブサイトなどを評価して決める。あとは、近くて便利かどうかとか、施術者がどんな人なのか、というのも見ますよね」

何より英語ができるようになって、人生は変わったと語る。

「日常会話だけではなく、学術系の論文なども英語で読めるようになりました。コスメティック領域でイギリスの有名な先生がウェビナーを開いていたら、参加したりもできるわけです」

知識も学べ、視野が広がったのだ。

「日本って、先進国じゃないですか。だから、住んでいれば、豊かでいい思いができた。でも、海外に出れば、英語ができないというだけで、そうではなくなるんです。それが、とても残念で。私は英語力ゼロで来ましたから根性で勉強しましたけど、いい意味でそれはモチベーションエンジンになりましたね」

それにしても、24歳のときに軽い気持ちでワーホリでオーストラリアにやって来て、10年足らずで人生が一変してしまった。ワーホリが、それを引き寄せたのだ。

# 第4章

# ワーホリを希望する若者たち

## 説明会でリアルな声を聞いてみた

## 晴天のゴールデンウィークに行われたワーホリ説明会へ

2023年5月3日。ゴールデンウィークの5連休初日に、ワーキングホリデーについての説明会があると聞き、取材させてもらうことにした。主催は、留学エージェントのワールドアベニューだ。

当日は、晴天で初夏の陽気のお出かけ日和だった。会社は休みなので閑散としている東京都心・御茶ノ水駅に近いオフィスビルに、続々と若者たちが吸い込まれていく。

予約を入れていた若者たちは、100名以上。大きな会場に3人がけテーブルが横に4つ、縦に10列ずらりと並んでいたが、前から3人ずつギッシリと席が埋まっていく。

男女はだいたい半分ずつ。女性のほうがちょっと多いか。中には明らかに親子連れとわかる人たちもいた。友達連れという人たちもいたが、ペチャクチャとおしゃべりなどはない。雰囲気は、真剣そのものだ。

説明会のテーマは「人生を変える経験を／ワーキングホリデー／今こそ世界に踏みだそう」。留学コンサルタントと名乗る女性の挨拶から、2時間の説明会は始まった。冒頭では、さっそく現地の情報のアップデートが行われていた。

「テレビなどで稼げる、というニュースがたくさん出ました。一方でSNSなどでもご存じの方もおられるかもしれませんが、仕事が見つかりにくくなっている、そんなに甘くないという話も出てきています。状況は刻々と変わっていきます。今日は、現地で実際にワーホリとして過ごしている人とリアルタイムでつないで、最新の情報を聞いてみたいと思っています」

ワーホリとは何か、に始まり、オーストラリアの魅力、雇用形態、ファームジョブによるビザ延長について。さらにはオーストラリア政府観光局のデレック・ベインズ局長のビデオレター。どんな仕事をするか、どんな滞在パターンがあるか、またワーホリに必要な費用など、盛りだくさんな内容だった（ちなみにワーホリの推奨費用は100万～150万円程度だという）。

その後、オーストラリアの現地につないでワーホリ実践者にオンラインインタビューが行われた。終了後には6つのテーブルが用意され、個別の相談会が開かれ、多くの人が列をつくっていた。

この説明会について、終了後に任意でアンケートに答えてもらった。回答は54人。いくつか興味深かったものがあるので、紹介しておきたい。

まずは、ワーキングホリデーについて、どこで知ったか、という点。実に50％がワーホリや留学経験者など、まわりの友達や家族だったことだ。行っていた人の話を聞いて、刺激を受けたということである。

ワーホリについてのテレビ報道が加速したのは、前年の秋くらいからだったが、ワーホリの存在を知ったのも約60％が1年以上前からだった。そして、あれだけ「稼げる」と報道されたワーホリだが、その魅力についてアンケートで聞いてみると、ベスト3は以下だった。

- **英語力を伸ばせる：81・5％**
- **海外で暮らせる：79・6％**
- **人生の転機にできる：61・1％**

4番目の「稼げる」は51・9％だった。また、最長4か月学べる語学学校についても聞いたが、長期の学習を希望する若者が多かった。

あおるような報道は冷静に見つめ、若者たちは思った以上に地に足をつけてワーホリを考えていたのか。

ちなみに、説明会を聞いてワーホリに行きたくなったか、という質問には、約90％が「絶対に行きたい」と回答。ワーホリに踏み出す上で悩んでいることを聞いたところ、お金（63％）、英語力（50％）、退職（33％）という結果が寄せられた。

## 個別質問会参加者のリアルなコメント

説明会の会場で最後に行われた個別相談に列をつくっている人に、許可をもらって話を聞くことができた。
「日本以外の場所で働くのが魅力的。いずれ日本に帰るにしても、海外で働いた経験や、海外から日本を見る目を持った上で働いてみたい」（23歳、女性）
「英語が話せるようになりたい。海外旅行で困らないように」（30歳、女性）
「ワーホリといえば、両立。働きながら英語も学べる。海外で働くと視野も広がると思うので」（19歳、男性）
「会社はまじめな人が多く、典型的な日本人の働き方。でも、それを自分も定年まで続けていくと考えると、なんだか苦しくなりました。いろんな経験をするのも、今しかできないかな、とも思って」（26歳、女性）
「コロナ禍で英語の勉強を始めたら、少しレベルも高まってきました。まわりから、絶対に行ってきたほうがいい、と言われたので。留学だと勉強だけですが、ワーホリは自由な時間を使えるのが魅力的だと思いました」（25歳、女性）
「今、30歳でギリギリ。可能性を考えてみたかった。日本で働くだけではなく、海外で働くという選択肢もあるのではないかと思いました」（30歳、男性）
一方で、アンケート結果とはまた少し異なる、生々しい動機を語ってくれた人も少なからずいた。
「ユーチューブで給料の高さを知りました。保育士なんですが、日本ではそういうことがない

ので。働きながら貯金をしてみたい」（27歳、女性）
「日本より給料が高い。夢があるじゃないですか。街並みも美しい」（22歳、男性）
「オーストラリアでお金を貯めて、次の挑戦に使って人生を豊かにするという意味では、すごくいい手段だと思いました」（21歳、男性）
「転職を迷っていたんですが、ニュースで稼げるということを知って、海外に行くのもありかな、と。自分の給料と比べてびっくりしました。考えちゃいますよね。日本もそんなに給料が上がるわけではないので。短期間でもできるので。戻ってこられますし、外資系への道も開けるかもしれない」（27歳、女性）
「ワーホリで稼げば、現地の費用が少なくて済む」（19歳、男性）
「英語を話せるようになりたいのと、やっぱり稼ぎたい。オーストラリア在住の知り合いから、時給がすごいと聞いていました。今の仕事は正社員からアルバイトにしてもらって、いつでも行けるようにしています」（22歳、女性）
「テレビで稼いでいる人たちを見て、そういう働き方も今の時代はあるのかな、と興味を持ちました」（27歳、男性）
「日本の大学に行っていたんですが、ガラッと進路を変えたくて辞めました。海外の大学に行きたくて、そのための資金を貯めたいんです。３００万円は貯めたい。日本よりもオーストラリアで働いたほうが、短期間で貯められそうです」（20歳、女性）

「海外で過ごせてお金も稼げて一石二鳥だと思いました」（24歳、男性）

そしてここでも印象に残ったのが、まわりから勧められた、という声だ。

「今、人間関係で仕事が行き詰まっていて、同僚にそのことを相談したら、ワーキングホリデーのことを教えてもらいました。彼女は来年に行く予定なのですが、なんだかキラキラしていたんです」（27歳、女性）

「高校の後輩がワーホリに行ったという話を聞いていました。あと、父親がテレビで見ていて、稼げそうだから行ってみたら、と勧められました」（25歳、男性）

「アルバイト先の店長に、やりたいことがなかったらワーホリに行けと言われました」（22歳、男性）

見るからに高学歴、有名企業に勤めていそう、という人もいた。

「転職を考えるタイミングで海外に行くのもいいかな、と思っています。自由度の高さが魅力。語学学校からスタートできるのもいい。直属の上司は、人生一度きりだからやりたいことをやったほうがいい、と背中を押してくれています」（25歳、女性）

## 留学相談は人生相談に近い

今回、私がワーホリに関心を持ったのは、NHKの『クローズアップ現代』がきっかけだった。その映像の冒頭、若者たちで熱気がムンムンしていたことが伝わってきたワーホリ説明会の主催会社を、担当編集者がなんとか探し当ててくれた。そこから、本書の制作は一気に動き出した。

それが、留学エージェントのワールドアベニューだった。今回、説明会を取材させてもらったり、数多くのワーホリ実践者や関係者を紹介してもらうことができた。代表者は松久保健太社長。この事業に10年以上にわたって従事し、9年にわたるオーストラリアでの駐在経験も持っている。

滞在中にオーストラリアのビクトリア大学大学院で移民法を学び、オーストラリアのビザをアドバイスできる国家資格を取得した。永住権も取得している。

2010年に東京大学大学院を修了。薬学を専攻し、大学院ではコンピュータサイエンスで創薬の研究をしていたが、縁あって外資系コンサルティング会社のアクセンチュアに就職。経営コンサルタントとして仕事をしていた。

ワールドアベニューは親族が経営しており、大学院在学中の2008年からアルバイトをしていたのだという。コンピュータが得意だったので、会社のウェブサイトづくりなども担っていた。

「一方で当時、すでに留学を希望するお客さまの相談を受けたりもしていたんです。留学に行く相談を受けるのは、人生相談にも近いんですよね。それなりのお金を使って海外に出て、戻ってきたら私はどうなるんでしょうか、なんてところから話は始まる。こんな仕事はなかなかないな、と思いました」

そして、いいな、と思ったのは、会社のスタンスだった。一人でも多く行かせたほうが売り上げにはつながる。しかし、会社のスタンスは違っていた。本当に行かせて大丈夫なのか、しっかり考え、行かせないほうがいい、という人は断るように、という文化だったのだ。

「もちろん海外にチャレンジしてほしいとは思っているのですが、話をしていくと、ちゃんとどちらかに着地していくんです。このプロセスもまた、面白くて」

ただ、誰に対しても、すんなりそれが見えてくるわけではなかった。ところが、ベテランの留学カウンセラーたちは、鋭く相手を読み取っていた。

「僕は超理系で、どちらかというとパソコンの前でカチカチやっているほうが、人とコミュニケーションするより楽しいタイプだったんです。ところが、まわりはまさに人と向き合って仕事をしているメンバーばかり。みんなとてもいい人たちでした。人間力がめちゃめちゃ高くて、気持ち良く過ごせるというか。これもまた、大きな魅力でしたね」

日本から送り出して海外から戻ってきた人たちが大きく成長していることにも感動した。

「当初の夢とは違うところにいる人もいるんです。でも、あなたの応援で今の人生がある、あのとき悩んだけど決断してよかった、と感謝してもらえたりする。後から答え合わせができる、というのは、大きなやりがいでした」

アクセンチュアでのハードな仕事にも魅力を感じていたが、ワールドアベニューから正社員としての誘いを受けて転身した。背景にあったのはもう一つ、事業としてもっともっと多くの人を海外に送りたい、と感じるようになった自身の強烈な実体験があった。

## 自身が強烈に実感した、長期の海外生活を経験する価値

2010年3月に大学院を修了したが、アクセンチュア入社は8月だった。4か月のブランクをオーストラリアで過ごすことにした。これが、厳しい体験の始まりだった。

「英語力はそこそこあると思っていたんです。ところが、まったく歯が立たなかった。自分の言いたいことが言えない。伝わらない。日本でできていたことができず、我慢しなければいけないことが多くて。すごく落ち込みました」

自信をなくす中、現地で英語の先生と仲良くなると、クラブをはじめ、いろいろな場に連れ出してくれた。こうして、わかったことがあった。

「伝わらないなら伝わるまでがんばればいい、ということです。恥をかいたってかまわない。なんとなくわかっていたことが、なるほどこういうことなのか、と腹落ちして。そこから、英語を話すことが、とても楽しくなっていったんです」

海外に長期で出ると、大きなショックを受けるフェーズが必ずあるという。しかし、そこを

通り抜けた人にしかわからないことがある。

「海外で生きるってこういうこと、日本以外の国で生きるってこういうこと。それに気づけるブレイクスルーの瞬間が、ものすごく心地いいんです。これを知っているから、みんなにも同じ体験をしてほしくなってしまうんです」

変化するのは、実は英語のスキルなどではない。マインドだ。

「自分のスイッチみたいなものです。押されたからといって、能力が変わるわけではない。でも、自分の中にため込んでいる、いろんなものが、スムーズに出せるようになる、というのかな」

それは、日本に住んでいてはできないことだという。

「長く住んでいれば、ルールがわかっているからです。これはしてはいけない、あれはダメ、と。だから、普通に住んでいるときには、気にしなくていい。ところが、気にしないといけない環境に置かれると大きなストレスになるんです」

これはこういうやり方で合っているのか。こういうルールで正しいのか、など日本人は細かいことが気になってしまう。

「でも、そういうことを気にしてもしょうがない、という気づきが必要なんです。わからなければ聞けばいいし、どうにでもなるのだ、と」

つまりは、怖いものがなくなっていくということだ。

「英語にしても、英語をつくろう、という感覚がなくなる。言いたいことを言えばいいんだ、とわかる。ああ、これで良かったんだ、ということに気づけるんです」

日本人は、実はいろいろなことに縛られ、自分を押さえつけて生きているところがあるのだ。ところが、「そうでなくていい」とわかったところから、マインドが一変するのだという。

「だから、ワーホリ経験者が、いきなり世界旅行しちゃったりするわけです。どこでも生きていける、ということに気づけるからです。そういう自信がつくんです。実際、どこでも生きていけるんです、本当は」

これを多くの人に実体験してほしい。これこそが、事業を展開する上での大きなモチベーションになっているのだと語る。

「日本は特殊な国で、このブレイクスルーをしていない人の割合がとても多いんです。だから、本当にもったいない。マインドが変われば、世界観が大きく広がります。生きていくことが怖くなくなるし、楽しくなる」

そしてワーホリしかり、留学しかり、送り出しから帰国までを見ていれば、ブレイクスルーして成長した姿が見られるのだという。

「それぞれの成長のステップは違うんですが、やっぱりみなさん、ものすごい自信を持って帰ってこられるんです。そしてそれは、僕たちにとっても大きな自信になる。自分たちと同じようにブレイクスルーをしてもらえることがわかるからです。そうすると、この仕事はやっぱりなくならないし、やりがいがあると強く感じるんです」

ブレイクスルーする日本人にもっともっと出てきてほしい。それは、世界で生き抜ける日本人を増やすことを意味する。

## 留学カウンセラーが見た、海外で手に入れられるもの

自身もワーホリで〝ブレイクスルー〟を経験、現在は留学カウンセラーとして、ワールドアベニューに勤務している女性がいる。武政あやかさんだ。

高校を卒業後、働きながらダンサーを夢見て活動していた。アメリカに1か月ほど短期留学したが、英語が話せないもどかしさに直面する。また、ダンスの世界で生きていく厳しさも実感。21歳のとき、カナダのワーホリで1年間を過ごした。

「アメリカに行ったとき、現地でできた友達とも、せっかく仲良くなれそうなのに、英語が話せなくて。ちゃんと英語を学びたい、というのが大きかったですね」

カナダを選んだのは、母親の友達がカナダに住んでおり、勧められたこと。また、一緒に行こうとしていた高校時代の友人が、カナダに決めていたことだった。

「とにかく面白かった。英語はまったくできないところからでしたが、海外には憧れがあったので生活は新鮮でしたし、社会人から学生に戻ったので、強制されての学校ではないんですね。

学び欲のようなものが積もって、できることがだんだん増えていって、英語もちょっとずつ伝わるようになって」

4か月、語学学校に通い、カナディアンロッキーのある観光地、バンフのホテルで住み込みで働いた。一緒にカナダに来た友達とは別々に動いた。その後は、日本人が少ない働き先に移動し、トータル1年間を過ごした。

「何より生き方に対する考え方が変わりました。日本の生活とは違って、自分ですべてをやらないといけないわけですね。誰も知らないところで友達をつくり、バイトを探し、しかも英語で。でも、やらないといけないわけです。振り返ってみたら、もうどこでも生きていける、という自信がついていました」

一度、日本に戻ったが、もうちょっと英語を学びたい、と今度はワーホリでオーストラリアへ行った。当時は最長2年滞在ができたため、到着してすぐ、カナダで出会った友人の情報をもとにファームジョブへ。現地で台湾の女性と親しくなり、条件のいい仕事を一緒に探すなどアクティブに動いた。

「どうやっても生きていける、みたいな感覚は、オーストラリアで確信できました。運良く仕事もすぐに見つかって」

2年目も滞在できたが、申請しなかった。留学カウンセラーという仕事に興味を持ち始めたからだ。

「ダンスの夢を追いかけることができなくなり、何をしたいかまったくわからない状況の中で、英語ができるようになるとは思っていませんでした。話せるようになると、あ、私でもできるんだ、と思ったんです。私にできたんだから、行けばできるようになる人はたくさんいるよな、と考えました。英語ができるようになれば、人生観が変わります。私を担当してくれたカウンセラーさんが、とてもいい人だった、ということも大きかった」

ワールドアベニューに入社後は、ワーホリはもちろん、語学留学や大学進学など、幅広く担当している。

「ワーホリや留学で得たものを聞くと、実は一番に英語が出てくることはあまりないです。やっぱり海外で過ごすことができた自信とか、外国人の友達ができて日本にいたのでは気づけない価値観を知ることができた、というケースが多いです」

人生がどん底状態だったが、海外にチャレンジして、イキイキ生活できるようになった、というケースもあるという。

「そんなふうに、お客さまの人生が変わったところを見られるのは、大きな醍醐味ですね。行く前のモヤモヤ状態から、私たちと話すことによってそれが晴れていって、次の目標に向かっていく。そのきっかけになれることがうれしいです」

海外に出れば、多くの人がどこかしらで〝ブレイクスルー〟を起こしていくという。

## なぜ、ワーホリが爆発的に増えているのか

ワーホリ制度は、日本ですでに40年ほどの歴史がある。今からは隔世の感があるが、日本人にとって、かつては海外旅行はまだまだ高嶺の花の存在だったのだ。円もまだ安く、日本人はそこまで豊かではなかった。

海外旅行が大きく拡大していくのは、1980年代の日本のバブル期である。ちょうどそのタイミングで私は大学時代を過ごしていた。海外旅行がまだ贅沢な時代だっただけに、私たちの世代のワーホリのイメージは、まだある種、特別感があったわけだ。

その後、1990年あたりから日本人の海外旅行がどんどん一般化していき、為替市場で円も高くなっていく中、ワーホリは大きく拡大していく。それがピークを迎え、ワーホリブームになったのが、2000年ではないか、とワールドアベニュー社長の松久保さんは語っていた。以来、オーストラリアなら年間1万人弱、日本人がワーホリで入国している。しかし、このあたりで伸びは鈍化して頭打ちになった。2010年くらいまで、ほぼ横ばいで推移していく。

松久保さんは語る。

「海外に行ってもいいかな、という人の数が、おそらくそのくらいだったのではないかと思います。ワーホリ協定が拡大して行ける国も増え、まわりも行っているので行こう、ともともと

行きたかったけれど行けていなかった人が行くようになり、成長していったんです。ただ、そのプールがもうなくなってしまった」

毎年、新規で行きたい人くらいしかマーケットに出てこなくなり、そこからはずっと横ばいが続くようになった。

一方で、ワーホリの目的も変化していった。先にも書いているが、私の知っている「昭和のワーホリ」は、まだ贅沢だった海外をモラトリアム的に楽しむ、というものだった。円高がどんどん進み、海外で働く魅力はそれほど大きくなかった。

そうした遊びのワーホリは、やがて英語を学ぶための場になっていく。オーストラリアのワーホリでは最長4か月、語学学校で学ぶことができることもあり、語学をマスターするためにワーホリに行く若者たちが増えたのだ。言ってみれば、「平成のワーホリ」とでも言えようか。

2010年以降も、オーストラリアのワーホリは同じレベルの規模で推移していく。しかし、じわじわと状況が変わり始めるのは、オーストラリアが順調に経済成長を遂げ、賃金をどんどん上げ始めたことだ。

また、かつては強さを誇った円が、どんどんその価値を下げるようになっていった。対ドルだけではない。対ユーロ、対オーストラリアドルに対してもだ。すでに新型コロナの前から、そのことに気づいていた若者たちがいた。松久保さんは語る。

「日本ではアルバイトといえば、時給1000円くらいが普通ですよね。ところが、オーストラリアでは2000円近くもらえたわけです。物価は今ほど高くなかったですから、現地でかなり稼いで貯めていた人はすでにたくさんいました。ワーホリからそのまま学生ビザに切り替えて、ずっと働いている人もいましたね」

これこそ「令和のワーホリ」である。そして新型コロナがやってきて、入国が一気に制限された。そのため「海外に行ってもいいかな」という人が、数年にわたってプールされていった。これが爆発しているのが、今である。

テレビでの「稼げる」報道も、それを大きく後押しした。また、現地から直接、SNSで情報が得られるのも「令和のワーホリ」の大きな特徴だ。だが、松久保さんは心配もしている。

「仕事が見つけにくくなっていますが、行動力のある若者たちはそんなに困っていないんです。問題なのは、行ったはいいものの、無計画過ぎて困っている人が今、出てきていることです」

蓄えも持たず、家も用意せず、ツテも仕事のあてもない、英語力もない。留学エージェントも使わず、語学学校にも行かないので、相談するところも情報源もない。

「それで現地でうまくいかない、とネガティブに発信されることは、ワーホリにとって、とてももったいないことです。行くのであれば、やはりそれなりの準備をしてほしい、ということなんです」

## ローカルの会社で働く体験ができるプログラム

そしてもう一つ、「令和のワーホリ」として知っておきたいのは、単にワーホリで海外に行くのではない、新たなプログラムが生み出されていることだ。松久保さんは語る。

「僕が携わるようになったときは、ワーホリや留学が下火になるタイミングでした。そこで、特定の人が大きく満足するプログラムをつくるのもあるのではないか、と思ったんです」

小さな会社だからこそ、テーラーメードのオリジナルプランをつくったほうがいい、という思いをずっと持っていた。また、オーストラリアに拠点を持っていたことも強みだった。そこでスタートさせたのが、「ビジネスインターンシップ」だ。先に紹介した西シドニー大学大学院に通った清野さんが使ったのが、このプログラムである。松久保さんは語る。

「大学生や第二新卒の若い人たちの中には、海外で働きたいと考えている人は少なくありません。ただ、商社や外資系企業で働くハードルは低くない。いきなり外国人が上司になって、いろいろコミュニケーションしなければいけない、なんてことになると自信がないわけです」

そこで、英語のコースの時間数を増やし、ビジネス英語をカリキュラムの中に入れた。また、英語での面接の練習に加え、実際にローカル企業と面談し、インターンシップ先として働く、というプログラムをつくったのだ。

「インターンシップ先は、日本人の若者を受け入れてくれる会社を、僕たちが現地で探しました」

そのまま現地で働きたい、というのは、さすがにちょっとハードルが高い。だから先の清野さんは大学院に行くという自分なりのステップをつくっていったわけだが、英語で面談をしたり、外国人と一緒に働くだけでも多くの若者たちには貴重な経験になっていくという。

「やはりみなさん、自信を持って帰ってきますよね。私も驚くんですが、最初は自信がなさそうな学生さんや若者が、1年間でいろいろ開眼して帰ってくるんです」

明らかに、たくましくなっていくというのだ。

「見える世界が変わっていて、どんなことがあっても、どうってことない、と思っていたりする。プレッシャーがあってもなんとかなる、と考えるようになっている」

だから、就職や転職にも大きな威力を発揮する。実際、外資系コンサルティング会社や海外に事業展開している日本のメーカーに就職するケースも多いという。

「外国人の上司を持ったり、世界中を出張していたり、いろんな方面で活躍する姿を見ることができるのは、僕もうれしいですね。中には起業を果たした人もいます」

一方で、プログラム以外でも、さまざまにアドバイスする。この後に紹介する留学カウンセラーの染野絵里佳さんが担当したという案件もそうだ。染野さんはいう。

「ビジネスインターンシップに興味を持っている、ある程度は英語ができる20代後半の社会人男性がいらっしゃいました。目的は、海外の会社で外国人とディスカッションをしたりして働くことでした」

だが、このプログラムで経験できるのは、若手向けの体験的な事務作業などが中心だ。そこで、オーストラリアのビジネス系の専門学校への留学を勧めた。

「学校なら、世界中から来ている学生たちと英語でディスカッションしたり、プレゼンテーションを経験することになります。そのほうが、求められているものにイメージが近いと思ったんです」

加えて、学生ビザならアルバイトもできるため、滞在費用も抑えられる。いい提案をもらった、と「専門留学」が実現したという。

## 看護師の経験を活かすプログラム

そして特定の人のニーズに合ったプログラムといえば、もう一つ、すでに何度も紹介している「有給海外看護インターンシップ」だ。看護師向けに現地でアシスタントナースの資格を取得でき、老人ホームや介護施設などで、稼ぎながらワーホリができるというプログラム。

医療系の資格が必要な仕事であるため、働く賃金は他の一般的な仕事に比べてはるかに高くなるのが大きな魅力。年間、約300人が利用する人気のプログラムになっている。松久保さんは語る。

「もともと海外で正看護師資格が取れる留学プログラムがあるんです。4、5年かかるもので、将来の永住を目指す人向けのものです。ただ、これは時間もかかりますし、なかなか重たいプログラムなんですね」

一方でワーホリを活用する看護師はたくさんいた。多くの人が想像できるかもしれないが、看護師の仕事はハードだ。ちょっと長期間、休みたい、というニーズは高かった。しかも国家資格なので、帰国してからも新たな職場は見つけやすい。報酬も高めなので、ワーホリの費用も貯めやすい。

「実際、3年くらい病院で働いて、奨学金も払い終えたタイミングで辞めて海外に行きたい、という選択は多いです。それでワーホリを活用されるんです」

ただ、松久保さんはじめ留学カウンセラーには、もったいないという気持ちも強かった。せっかく日本で医療のスペシャリスト経験があるのに、ワーホリで来たらアルバイト先は普通に飲食店などになる。

「看護師さんは、もともと医療の仕事へのモチベーションも高いんです。だから、看護に携わるボランティアとか、病院見学とか、いろいろなツアーをつくっていました」

さまざまに取り組みを進める中、州政府認定のアシスタントナースという資格があることを知る。介護士ができる資格だ。正看護師資格の取得ほど時間もかからず、難易度が高くない。

調べると、必要な期間は24週間。しかし、約6か月かかるというのは、ワーホリでは現実的でなかった。

そこで、アシスタントナースを育成する現地の学校と協業することを考えたのだ。こうして本来24週間かかるアシスタントナース資格を、日本での看護師の経験を背景に、6~8週間まで短縮するプログラムをつくることができた。

「また、せっかく資格を取るわけですから、働ける場所を、ということで、自分たちで働き先も開拓していきました」

当初は、「日本人に働けるはずがない」「英語力が足りないのではないか」と不安視されたという。ところが、なんとか紹介を通じて施設で働かせてもらったところ、驚かれた。

「日本人の評判は、とても良かったんです。そもそも介護士ではなく、看護師ですから。知識も豊富だし、なんたって日本の看護師はとても丁寧で感じがいい。ホスピタリティの高さに、オーストラリアの人たちがびっくりして」

やがて、ワーホリでやってきてアシスタントナースの資格を取得した看護師を派遣会社に登録、シドニーの老人ホームや介護施設などに送り込めるようになった。すると、ますます好評になった。

「日本の看護師さんたちは、モチベーションが高いので、とても意欲的に働くんですね。しかも、シフトもちゃんと守る。すると、オーストラリアの介護施設のレベルも上がっていくわけです。利用者の人たちからも満足度が高くなる」

マジメなので、簡単にキャンセルしたりしない。だから、シフトが安定する。日本人の看護師がアシスタントナースとして入る医療施設は、軒並み評価が高まった。

「そうすると、日本人が感謝されるんです。オーストラリアで日本が感謝されるのは、資源開発を行う商社くらいでした。でも、それ以外で、来てくれてありがとう、と言われるものができたんです」

看護師向けのワーホリプログラムをつくることで、日本人のプレゼンスを上げることもできたのだ。

## 看護師向けのワーホリ説明会へ

先にゴールデンウィーク初日のワーホリ説明会の様子をご紹介したが、同じゴールデンウィークの最終日、5月7日の日曜日に行われたのが、看護師向けの有給海外看護インターンシップの説明会だった。

ゴールデンウィーク初日以上にひっそりとしたオフィスビルの会場には、続々と若い女性が吸い込まれていく。60人以上、座れる席はあっという間に埋まった。ほとんど女性だったが、男性の姿も数人、見える。

司会者の挨拶では、英語ができるようになるメリットも語られていく。海外旅行が楽しくなること。また、訪日外国人の医療対応にも生きてくること。さらに、看護師以外のキャリアにもつながっていくこと。

プログラムで英語力がアップできる理由は、英語が学校で勉強できることだけではない。働く機会をしっかり得られるからだ。資格を持つことで、仕事が得やすくなる。そして、職場で英語を使う機会が増えていくのだ。

アシスタントナースとしての平均賃金も紹介された。平均時給が約35豪ドル。平均での稼ぎは月に3000豪ドルから4000豪ドル。週2～3日で2000～2500豪ドル。週末に入れば時給が上がり、目一杯入れば5000～6000豪ドル。さらに働けば、8000豪ドルという人もいることが紹介される。

心配する人も多い英語力は、これまでの利用者のアンケート結果が紹介された。初級レベルが45%、中級レベルが33%、上級レベルが22%。約8割が、初級・中級レベルの英語からスタートしたということだ。

そして英語ができるようになれば、履歴書にアピール項目として書くこともできる。さらに医療現場で、他の国のスタッフなど、さまざまなバックグラウンドのアシスタントナースとも仕事を一緒にしていくことでコミュニケーション力も磨ける。

スクリーンにスライドが映されているため、会場は薄暗くなっているが、ウトウトしている参加者などいない。みんな、ペンを片手に真剣そのものだ。ここでも、日本人の看護師のまじめぶりが垣間見える。

プログラムの実施場所はシドニー。7週間の語学学校、6~8週間のアシスタントナースの資格取得のための学びが必要になることが紹介される。これ以外にも、出発前にオンラインを使って週1回、2時間のネイティブ講師による英語の授業が用意されている。同時に出発前、英語については2週間に1度、自身の目標設定に基づいてコーチングも行われるという。

続いて、オンラインレッスン体験者の感想がビデオで流れる。「誰かと英語を話す環境が大事」「何も知らずに海外に行かなくてよかった」「最初はハローしかわからなかった」などなど。

アシスタントナースの資格取得には試験はない。現地の専門学校での学びで修了書がもらえる。ただし、英語については語学学校で試験がある。合格すれば、派遣会社に登録、仕事が始まる。多くはナーシングホームと呼ばれる老人ホームでの介護の仕事だという。

さらに、プログラム終了後の進路も紹介された。日本に戻って看護師としての仕事を復活させる方が多いというが、中には国境なき医師団や赤十字に就職したり、海外エアラインのCAになった人もいるのだそうだ。

このプログラムの費用は、約180万円。その詳細も説明された。

体験者5人によるトークセッションも行われた。女性4人、男性1人。ワーホリに行った動機や当初の英語力などが語られていく。中には、「あまりに疲れているから、もっと人生を楽しんだほうがいい」と趣味で通っていた英会話の先生にアドバイスされたという人や「TOEICが320点しかなかった」という人も。

また、介護施設はどんなところか、実際にどんな仕事をするのか、収入はどうか、といった話が続く。「3か月で200万円稼いだ」「土日は時給が高くなるので積極的に入った」「130万円貯めた」といった声が上がった。帰国後に、外資系製薬会社の臨床開発の仕事に就いた人もいた。

## ワーホリ希望の看護師たちのリアルなコメント

この説明会でも、終了後に相談の場が用意されていた。1年以上先に行きたい人、1年後に行きたい人、1年以内に行きたい人、さらには体験者に話を聞きたい人などにブースが分かれ、質問会などが行われた。

参加者に少し話を聞かせてもらったので、ご紹介しよう。

「国際看護というものを高校時代に知って、ずっと興味を持っていました。それでインターネットで検索して調べてみたら説明会があると知りました。これから夜勤なんですが、直接、話を聞けたほうが理解しやすいと思って来ました。リアルな話が聞けたので、イメージしやすかったです。向こうに行ったら、海外の人とたくさんコミュニケーションを取って、英語がわか

るようになりたいです」（25歳、女性）

「看護学生なんですが、将来は海外で働きたいので、留学について調べていたら、この説明会があることを知りました。私はスペイン語が話せるんですが、英語も話せるようにして、看護師として働きたいと思っています。やはり日本の外に出て見ると、これからの自分のことをさらに考えるきっかけになるのではないかと思い、すごく勉強になりました」（20歳、女性）

「海外にちょっと住んでみたいなと思っていたので、話を聞きに来ました。具体的にどんな準備が必要か、お金がどれくらいかかるのかが聞けたので、よかったです。留学のカリキュラムや仕事内容もわかりました。理想は来年の1月から行きたいですが、ちょっとお金を貯めないといけないので、それを見ながらですね。費用は思ったほどでもなかったです」（26歳、女性）

「ワーホリに行きたかったんですが、看護留学というものがあると友人に教えてもらって。コロナもあって海外になかなか行けていないですし、オーストラリアに行ったことがあって楽しかったので。今日は、費用のことなど聞けて良かったです。稼げるという話は知りませんでした。日本の仕事よりもゆったりしているのに稼げるのは驚きでした。いいなあ、と思いました」（25歳、女性）

「就職して1年経ったので、今後の方針を決める参考のために来ました。学生時代に短期留学に行っていたので、海外での仕事も興味があります。選択肢がいろいろあるということが知ることができてよかったです。留学というと、縛られた環境のイメージがあったのですが、体験

者の方はわりと自由に自分の好きなことをやっていると知って驚きました。肩の力が抜けました」（24歳、男性）

この説明会でも参加者にアンケートをお願いしており、28件の回答を得た。印象深かったのは、やはりワーホリをどこで知ったか、だ。約60％がワーホリや留学経験者からだった。まわりに勧められたのだ。また67％が1年以上前からワーホリの存在を知っていた。

ワーホリの魅力についても、「英語力を伸ばせる」「海外で暮らせる」が82％、「人生の転機にできる」が50％で続いた。

看護留学に興味を持った理由は、「看護・医療英語を身につけたい」「資格と経験を活かしたい」「海外の看護・医療の現場を見てみたい」がトップ3だった。

留学に踏み出す上での悩みは「費用」「英語力の低さ」「渡航時期」。参加したい気持ちになったか、という問いには71％が「絶対に参加したい」と答えていた。

## 日本人看護師の評価は極めて高い！

有給海外看護インターンシップの魅力は、ワーホリでありながら専門職として働くことができるということだろう。一方で、オーストラリアの施設としても、ありがたい仕組みになっている。

日本もそうだが、特に介護職は人手が不足している施設が多い。しかも、専門資格を必要とするため、簡単に人材を確保できない。そんな中で、ワーホリでの入国によって、オーストラリアの施設は貴重な働き手を手に入れることができるのだ。

働くことになる施設は、オーストラリアの医療関連職の派遣会社によって決められる。派遣会社に登録すると、人材を求める施設からのニーズに基づいて派遣されていく仕組みだ。

ワールドアベニューが提携している現地の派遣会社の女性マネージャー、カルー・シンディさんに話を聞くことができた。

「オーストラリアの医療現場や介護現場では、慢性的に人が足りていません。フルタイム、パートタイムで働いている人も多いんですが、人手が足りないときに埋めるのが、カジュアルで働く人たちです。その人材を斡旋するのが、私たち派遣会社です」

フルタイム、パートタイムの人たちが休んだりするとき、人手を確保しなければいけない。そこで派遣会社が活用される。長期の産休、事前にわかる有休もあるが、病欠や子どもの事情による休みもある。したがって、急な依頼も発生する。

看護留学プログラムでは、アシスタントナースの資格取得後は、カジュアルという時給の働き方で働く。そこで、派遣会社に登録することになる。

「アシスタントナースとして働くための必要書類等のチェックを終えたら、次はオリエンテーションを行っています。本社に来てもらって、配薬の方法、利用者さんのケアなどを理解してもらいます。それから、何かあったときに応急治療をするためのオンラインの授業を受けてもらってから、仕事が始まります」

日本人などの外国人が必要になるのは、エイジドケアと呼ばれる施設が多いという。いわゆる高齢者施設だ。

「それ以外にも訪問介護、障害者施設、老健や特養施設などがあります」

訪問介護は、オーストラリアの高齢者のもとを訪れる。病院のアポイントメントに付き添ったり、一緒に散歩に行ったり、ドライブに行ったり、ショッピングに行ったりすることもあるという。

「1対1になりますので、話せることと聞けることができるコミュニケーション能力が求められます」

高齢者施設は高級なところが多い。利用者は、日本円で5000万円から2億円ほどの金額で入居の権利を購入しているという。

他にカジュアルでの介護士を務めているのは、ネパール人やフィリピン人が多い。看護留学のようなプログラムがあるのは、日本だけだという。日本人への評価は極めて高かった。

「仕事が丁寧でホスピタリティが高い。しっかり時間を守ってくれる。いろんな仕事に興味を持ってくれる。そして、仕事をしているときにとても幸せそうであることですね」

逆に課題があるとすれば何か。

「人によって差はありますが、やはり英語力です。オフィスで会話をするには問題がないのですが、現場で高齢者に対応するとなると、そうはいかないこともあります」

はっきりとした英語で必ずしも、話してくれるわけではないからだ。

どんな人が仕事を獲得しやすいか、も聞いてみた。

「英語力が一つ。それから積極的に仕事を取りに来る人。シフトがあらかじめ出たときに、すぐに手をあげてくれる人はありがたいですね。また、オフィスにときどき顔を出して、積極的にコミュニケーションを取っている人も仕事を得やすいです」

ここでも、やはり行動力なのだ。あとは、施設で評価が高いケース。「すごく良かったので、この先3週間はこの人を入れて」なんてこともあるそうだ。

「プログラムを終えて日本に帰るとき、サンキューカードを持ってきてくれる人がいますが、やはりうれしいですね。また、結婚の報告に来てくれる人もいる。会社はスタッフを家族だと考えていますから、とても素敵な文化だと感じています」

笑顔がたくさん飛び出す、楽しいインタビューだった。

## 若いうちにやりたいことを、という師長も増えている

ワールドアベニューで、「有給海外看護インターンシップ」を専任で担当している留学カウ

ンセラーにも話を聞いた。先にもコメントをしてもらっているが、染野絵里佳さんだ。日本の看護師がオーストラリアで大きな収入を手にしている、というテレビ報道以降、大きな反響があったという。

「問い合わせの数が大変なことになっています。ご本人様がテレビを観ておられるケースもありますが、親御さんやおじいちゃん、おばあちゃんがテレビを観ていて、『これいいんじゃないの、行ってきなさい』『日本はお給料が低いから、稼いできなさい』『向こうで稼いでリフレッシュしてきたら』とお勧めされて問い合わせをしました、という方が多いです」

日本では看護師は責任の重い仕事だ。オーストラリアのアシスタントナースは、医療行為をすることはない。責任も日本にいるときほど重くない。大変さもまるで違う。ところが、手に入る報酬は倍になることもある。

「稼げるか稼げないかは本人次第、ということはお伝えしています。テレビを観て、あれくらい稼げるのか、と思って行くのはちょっと違いますよ、と。というのも、働き方によるからです」

月に8000豪ドル稼ぐような第1章で紹介した藤田さんのような女性看護師もいれば、月に2000豪ドル、3000豪ドルという人もいる。あまり仕事を入れず、ゆったりのんびりとオーストラリアを楽しみたいという人たちだ。

「高い報酬は、やはり目標があって、ダブルシフトを受け入れたり、週末にたくさん入ったりして稼ぎに徹しているからこそ、入ってくる報酬なんですね。一方で、海外に行ってまで、そんなにがんばりたくない、という人もいます。ある程度、楽しめるくらいの稼ぎがあって、ゆっくりしたい、という人も少なくないんです」

平均でいえば、日本円で月収30万円から40万円ほどが多いのではないかという。しかし、時給がそもそも高いので、30万円といっても、それほど働いていないのだそうだ。

「だから、驚かれるんです。日本であんなに働いているのに、と感じる人も多い。ときどき、私も看護師になっておけばよかったと思うくらいです（笑）」

ちなみにこのプログラムでは、日本で働く職場の上長から勤務状況について記した書類をもらわないといけない。ちゃんとこの看護の現場で働いていましたよ、という証明書のようなものだ。

上長にそんな書類をもらわないといけないとなると、ハードルが高くなってしまうのではないか、と問うてみた。

「最近の看護師長さんは『海外留学、いいじゃないの。若いうちにやりたいことをやりなさい』という理解のある方が増えている印象があります」

染野さん自身、学生時代にカナダに留学経験を持っている。

「兄がバンクーバーに留学経験があって、帰国して英語を話している姿を見たときに、いいなと思ったんです。でも、当初はまったく話せませんでした。海外自体も初めてで」

入国審査で何を言われているのかまったくわからなかった。それでも入国できるのだと驚いた。

「もともととても生真面目で、自分が思っていることこそが正しいと思っているところがありました。でも、いろんな人がいて、生まれ育った場所が違えば、考え方も価値観も違うことがはっきりわかったんですね。それを受け入れないと生きていけないわけです」

留学経験は、大きく自分の人生観を変えることになったと語る。

「正しい道は一つだけではないんだということ。そして、自分が行動しないと何も始まらないということ。逆にいえば、行動すれば人生はなんとかなるんだ、という気づきはとても大きかった。ある意味、自信がつきました」

もともと陰キャでパソコンを黙々といじる仕事をすることになるのでは、と思っていたと笑う。カウンセラーの仕事をすることになるなんて、まったく思っていなかった。留学は、生きる選択肢を変えたのだ。

「人生を変えるワーホリや留学という選択に、ぜひ気づいてほしいと思っています」

## 留学が合わない人、海外生活が無理な人

一方で、誰でもが留学や海外生活にマッチできるのかというと、必ずしもそうではない、と

いうのが事実のようである。染野さんは言う。

「海外生活には憧れていても、合わなかったという人もいます。何をするにも、外に出るのも嫌になってしまって、もう日本に帰りたい、というパターンがありますね」

こんなはずじゃなかった、というより、とにかくすべてが嫌になってしまって、帰国したい気持ちばかりが強くなってしまうという。

「英語が思うように話せないから生活がうまくいかない、という声はよく聞こえてきます。うまくいかないことが連発するのは、留学や海外生活では当たり前なんですが、そのことに耐えられないということだったのだと思います」

勉強しなければ英語は通じない。通じないから楽しめない。そんな負のサイクルが起きてしまったのだろう。こうなると、なかなか連鎖は断ち切れないのかもしれない。

「あとは、2週間くらいシドニーを観光していたら満足してしまったので帰ります、と本当に帰国された人もいます。すごく楽しかった、満足したと言われていました」

ただ、合わない人は1%程度ではないか、と語る。先に登場した留学カウンセラーの武政あやかさんも、合わなかったという人の経験を持っている。

「やはり英語が思いのほか伸びなかった、ということで半年くらいで戻ってきた人がいました。あとは、虫が無理だ、という人。日本とは種類が違いますから。生活する上での清潔感も違いますね。日本人は本当にきれい好きですから」

ちょっとびっくりしたのは、お風呂で湯船に入れないのが思ったよりストレスで、「シャワーだけでは無理です」という理由で戻ってきた人がいたことだという。

「注意しないといけないのは、本人にワーホリに行く意思はなく、親に言われて無理矢理行ったケース。これは楽しくないですし、心配です」

社長の松久保さんは、合わない事態が起こらないためにも、期待値を上げすぎないように気をつけていると語っていた。慣れない海外生活で、何もかもバラ色のはずがない。松久保さんは言う。

「期待が裏切られるフェーズって、必ずあるんです。想像していたのと違う、と。ホームステイ先がもっと歓迎してくれると思ったのに違った、とか、オーストラリアは水不足の国なのでシャワーの時間に厳しく、うるさく言われて驚いた、とか。自分の常識とのギャップを学んでほしいのですが、期待値が高すぎるとストレスになる。ですから、現実をちゃんと伝えること、それからフォローも意識していますね」

とりわけ当初3か月はストレスが高まる。だが、それを過ぎると変わっていくようだ。染野さんは言う。

「不安、不安と言っていた人ほど、いざ海外に出てみると、ほとんど連絡をくれなかったりします（笑）。まったく日本に帰ってこなくなったり」

染野さんが注意しているのは、出発前にネガティブな空気にならないようにすることだと語る。

「とても残念なことなんですが、『ワーホリくらいで英語ができるようになるわけない』などと、まわりでネガティブなことを言う人が少なくなかったりするんです」

だから、できるようになるんだ、というマインドセットをしっかり行うという。実際、ほとんどの人が程度の差こそあれ、できるようになるのだ。

武政さんも言う。

「泣き言が出てくるのは、最初だけですね。あとは案外、こちらに連絡すら来なくなります（笑）。楽しんでおられるのだと思います」

経験したことがない状況に追い込まれれば、人はストレスを感じる。しかし、それは裏を返せば、いつもと違うドキドキとワクワクの日々であることも意味する。さて、どちらが楽しいか。そのことに気づかせてくれるのが、海外なのだ。

## 2000人超の若者が集まったワーホリイベント

2023年6月10日土曜日、東京・新宿の南口のイベントスペース・サナギ新宿で大きなイベントが行われていた。オーストラリア政府観光局主催の「オーストラリアで自分の物語を見つけよう！」だ。

コロナ禍が明けて日本からの海外旅行者がじわじわと戻ってきている中、オーストラリアを旅行先として認知してもらおう、という目的があったことは想像できるが、実はそればかりではなかった。

週末になれば、新宿にはすさまじい数の若者たちが、あちこちからやって来る。彼らに、オーストラリアへのワーホリの魅力を伝える場にすることを考えていたのだ。取材に訪れると続々と人が吸い込まれ、最終的に2000人を超える総来場者があったという。

当日は、オーストラリアのコーヒー「フラットホワイト」や「ロングブラック」などが味わえるオーガニックコーヒーロースター「BunCoffee Byron Bay」をはじめ、「ミートパイ」や「バナナブレッド」などのグルメが味わえる飲食ブース、オーストラリア食品や雑貨の物販ブースも設置されていた。

また、ワールドアベニューとエスティーエートラベルという留学エージェント2社の相談ブースも設けられており、相談したい若者たちが長い列をつくっていた時間帯もあった。

イベント内容も、現地と中継してリアルタイムに見られるライブツアー&トークライブ、人気の英会話ユーチューバーやDJ、書籍執筆者がステージに登場するだけでなく、自身がワーホリに行っていたという「BunCoffee Byron Bay」のバリスタが登場するトークショーもあり、コンテンツの合間には、ワーホリで滞在中のファームジョブなどに従事する若者たちを映したビデオ映像が流されていた。

中でも最も多く人が集まり、ステージ前の席がぎっしりと詰まったのは、午後3時30分からのワールドアベニュー取締役、寺田麻友子さんの登壇だった。ワーホリ後のキャリアについて、をテーマにしたトークショーだ。

ワーホリをきっかけに世界を飛び回るノマドワーカーに変身した若者。できなかった英語をマスターし、英語を使う仕事に転職、人生を一変させた若者。このまま日本で消耗する人生は嫌だと大手企業を飛び出した若者など、次々に実例が紹介されていった。

寺田さんが語っていたワーホリの何よりの魅力は、その自由さ。どこに住んでもいいし、どんな仕事をしてもいいし、複数掛け持ちしてもいい。経験しようと思えば、なんでもできる。そうした中で、英語力がつき、世界の文化や常識を理解して海外生活力が身に付き、主体性、積極性、課題解決能力が高まっていく。言葉の違う人たち、文化の違う人たちを理解する機会を通じて、いわゆるグローバルスキルを身につけることができるというのだ。

留学カウンセラーでもある寺田さんが多くの若者たちをカウンセリングする中で近年、感じていたことがあったという。それは、行動範囲が広がっていく人の多さだ。それこそ日本をいつでも帰れる母国と捉え、世界中を巡っていく人が増えたという。何をやっても生きていける、という気づきがあってこそ、ということだろう。

そしてワーホリで注意をしなければいけないのは、ダラダラと過ごしてしまわないためにも、短期の目標をつくっておくことだとアドバイスしていた。多くの若者たちが、熱心に耳を傾けていた。

　大盛況で幕を閉じたイベント会場では、ワーホリについてのアンケートも行われていた。「新しい冒険や体験が得られるイメージ」や「ワーキングホリデーを将来のキャリアに活かすイメージ」を持つ人が増加したという。

　また、イベント参加前後で「ワーホリに対するイメージがポジティブに変化した」という人は全体の7割以上となり、「ワーホリに興味を持った」という人は9割近くとなった。イベントの満足度についても「満足した」人が9割以上。オーストラリアという国の魅力、オーストラリアのワーホリの魅力を多くの人に伝えられるイベントになったようだ。

## オーストラリア政府観光局の局長に聞いてみた

　イベント当日にも、スタッフお揃いのTシャツを身に纏ったその姿が見えていたが、オーストラリア政府観光局のデレック・ベインズ局長にインタビューすることができた。ワーホリのプロモーションを行っている。

「若い人に日本とオーストラリアをお互いに知ってもらおう、という目的で、40年以上前に導入されたのが、ワーキングホリデー制度です。それぞれの国をよく知る若者が増えていけば、国と国との関係は強くなります」

それこそ後に、ハネムーンでまた行ってみよう、家族ができたら行ってみよう、両親を旅行に連れていこう、ということにもなる。

「コロナ禍の前までは、日本からワーホリで約1万人が訪れていました。日本の若者には、英語の能力を上げてもらったり、働くことで他国でのワーキングスタイルを知ってもらったり。また、文化交流など幅広いところで、とてもいい経験になるプログラムだと考えています」

実は局長自身も若い頃、日本へのワーホリを経験している。

「もう30年以上も前ですが、強い印象はまだ残っています。日本語の能力も上がり、日本で仕事をする経験もできました」

ちなみにインタビューは日本語で行われた。高校時代から日本語の勉強をしており、3か月の交換留学生も経験。そのときにホームステイしていた家族とは、今も交流があるという。

「すごく親切にしてもらえて。翌年には、お世話になったホームステイ先の息子さんが、オーストラリアの私の学校に交換留学で来ました」

ベインズさんはその後、オーストラリアで大学を卒業すると、今度はワーホリで日本にやってきた。

「日本のことをもっと知りたかったし、日本の会社がどんなワーキングスタイルを持っているのかも知りたかった。ワーキングホリデーなら、柔軟性がありますから、いろいろな仕事ができる。英語講師をしたり、小さな輸入会社で事務の仕事をしたり」

この体験は、間違いなく人生を変えることになった、と語る。帰国後、ベインズさんはカンタス航空に就職することになるが、30年を経て、オーストラリア政府観光局の局長として日本に赴任することになったのだ。

「日本へのワーホリは、とにかく楽しい体験でしたが、同時に人生を左右するものでしたね。事実、今、ここにいるんですから（笑）」

日本からオーストラリアへのワーホリは、人数制限がない。同様に、オーストラリアから日本へのワーホリにも人数制限がない。

そして、オーストラリアで働く体験はきっと驚きに満ちたものになるはず、と教えてくれたのは、自身も現地で暮らしたことのある、オーストラリア政府観光局で働く日本人スタッフ、加藤典子さんだ。

「ワークライフバランスが、ものすごく整っている国です。朝早く働きたい人は働ける、といった自由度も高い。それこそシドニーは、車で20分も行けばビーチがあって、サーフィンした後にオフィスに行く、なんてことも普通にできますから。朝早めに仕事を始めて、夕方早めに仕事を終えて帰り、家族やパートナーと過ごす時間を大切にする方が多くいます」

朝の通勤電車でくたびれている姿を見ることはないそうだ。それこそ有給休暇は、一般的な企業でも4週間はある。

「2週間、3週間、休暇を楽しむなんていうのも、ごく普通のことですね」

そして最後に、オーストラリアの時給の高さが日本では話題になっている、という話をベインズさんにぶつけてみた。

「国として働く上でいい環境をつくることは大事なポリシーだと思いますし、やってくる人がお金を貯められることは価値があると思いますが、それはワーホリの目的にはならないと思っています。

それ以上にもっと人生において大事なことが学べるからです。その意味で、お金はちょっとしたボーナスだと捉えてもらえたら。大自然もたくさんあって、いろいろな人たちがいる国です。何より自分の人生の充実に、そして自身の成長につなげていってほしいです」

第5章

# 英語、英語、英語

## ワーホリに絶対に必要なスキル

## 英語ができなければ、仕事は見つけにくい

今回、多くのワーホリ関係者に取材して、改めて強烈に実感したのが、これだ。

「海外で暮らすクオリティオブライフを大きく左右するのは、間違いなく英語力」

もちろんそんなことはあらかじめ想像がついていたことだったが、実際に話を聞いてみると、それは想像以上だった。本章では、英語をめぐる、さまざまなリアル、さまざまなコメントについて、ご紹介していきたい。これからワーホリに、あるいは海外生活にトライする人にも、ぜひ知っておいてほしい。

まずは数多くのワーホリ経験者と接してきた留学カウンセラーの武政さんが語るのは、英語ができないことによって、仕事が見つけにくくなることだ。

「英語力がないから、聞き取れない。だから、指示をしようにも、できない。これでは、採用することは難しい。こんな声を、やはり現地では耳にしますね」

そもそもワーホリは世界中から次々に、若者がやって来るのだ。もちろん中には、英語ができる若者もいる。世界の共通言語である英語ができない、というだけで、大きなハンディキャップになる。

また、学生ビザで働く若者たちも強力なライバルになる。オーストラリアのワーホリは同じ

雇用主のもとでは6か月しか働くことができない。長期の雇用ができないのだ。しかし、彼らはそうではない。ここにもすでにハンディキャップがあることを忘れてはならない。

先に登場してもらった日本食レストランのマネージャー・Sさんは、現地のリアルについて率直にこう語る。

「日本にいるときに自分で勉強して、ある程度の英語レベルにしておくことは大切です。オーストラリアに来てしまえばなんとかなると思って来る人も多いんですが、それではちょっと厳しい」

とりわけシドニーなどの観光地は、英語ができない人に優しい。それこそ何かを買いたいとき、"this"と指し示せば買える。ある程度の英単語で、生活ができてしまえるのだ。

「ただ仕事をするとなると、単語で話すのではなく、やはりある程度、ちゃんとした文章で話せるくらいまでのレベルになっていないと難しいです」

日本人は大学受験などもあり、読み書きはそれなりにできるのだという。ところが、話すことに慣れていない。

「だから、何かを質問されても、パッと言葉が出てこないことが多い。言われたことを頭の中で一度、日本語に訳して、そこから答えようとする。返答に時間がけっこうかかってしまう」

そうすると、仮に何を聞かれているのかがわかっていたとしても、「この日本人は理解できているのか」と思われてしまうのだという。

「ですから、質問に対する返事がさっと出てくるような英会話の訓練を、しっかりしておいたほうがいいんです」

もちろん、オーストラリアでも学ぶことはできるが、日本でできる準備もしておいたほうがいいということだ。

現地の取材では、こんな声も聞こえてきた。

「送られてきた履歴書で英語が少しでもおかしいと、この人は仕事ができないかも、と思われます。そうすると、はじかれてしまう可能性が高まる。かかってきた電話でも、英語レベルはチェックされます。英語ができないだけで、評価は低くなってしまうんです」

英語だけで判断されてしまうこともあるというのである。

## 経験者が「語学学校は行ったほうがいい」と言う理由

こうした現実に気づくことになるからだろう。日本にいるときから英語を勉強しておいたほうがいい、という声は多かった。加えて、現地で英語を学べる語学学校には行ったほうがいい、という声だ。

オーストラリアのワーホリでは、最長4か月間、現地の語学学校で学ぶことができる。自身の英語のスキルや現地の希望スケジュールによって、短くしたり、長くしたりすることがあるようだが、今回の取材では実際に通っていた人ばかりだった。

そして、「語学学校に行ったほうがいい」とアドバイスするのは、語学学校に行かなかったり、語学学校を短い期間で終えてしまう人も少なくないからだ。ワーホリは自由なので、語学学校にまったく行かないという選択肢もある。そうすれば、語学学校に通う費用もなくせる。

語学学校の費用は、おおよそ月に15万〜18万円ほど。4か月通うとなると60万〜70万円ほどになる。それなりの費用だが、よほど英語に自信があるというケースを除けば、もったいないと考えず、行ったほうがいいというのである。

その一人、バリスタで働くワーホリ中の古河さんはこう語る。

「ワーホリに行こうとしていたら新型コロナがやってきてしまい、2年待ったんですが、このとき、英語を勉強しておいてよかったと思いました。モチベーションの上がり下がりはありましたが、上がっているときはけっこう勉強していましたので。まだ行けるかどうかがわからなくて、モチベーションが下がってしまったときには、英会話教室に行ったりもしていました」

それでもオーストラリアにやって来ると、会話はほとんどできなかったという。大きく伸ばすことができたのは、語学学校だ。

「最近も海外の人とトークできるアプリを使って勉強したりもしていますけど、語学学校に通っていた4か月に比べれば、成長は遅いですね」

能力別のクラスになっていたが、古河さんが入ったのは、下から2番目のレベルのクラス。

それでも一気に伸びた。

「習ったことは日本の中学生レベルです。それほど高度なことではない。日本人はもともと英文法のレベルは他の国の人より高いんです。そこに、日常的な単語が加わってくると、一気に話せるようになった。あとは英語力というよりも、英語を話すことの怖さのようなものがなくなったのが、一番大きいと思います」

先にも触れているが、古河さんがオーストラリアに来たタイミングは、まだ日本人がほとんどいなかった。強制的に英語しか使えなかったという状況も良かった。

「休憩時間も英語、学校のクラスも英語、授業中も英語、家に帰ってもホームステイ先で英語と、ずっと英語漬けでした」

毎日、出た宿題に取り組み、ホームステイ先でも自室に籠もらないよう、意識した。

「間違っちゃいけない意識が、日本人は強すぎるんですよね。でも、間違ってもまったく恥ずかしくないんです。これでいいんだ、ということにすぐに気づけました」

## 妙なプライドを捨て去れるか、が明暗を分ける

伸びる人と伸びない人を目の前で見てきた、と語ってくれたのは、大学院に進学後、ローカルのベンチャーに就職した清野さんだ。自身は学生時代にフィリピンで4か月、短期留学をし

ていたため、それなりに力はあった。

「受験英語ができた人の中には、プライドを捨てられない人がいるんです。一方で、プライドを捨てられた人は、ミスしてもいいから話そうとしますし、授業の後に先生を捕まえて質問攻めにしたりしていました」

プライドを捨てられないと、ミスを恐れて、結局、話すことができない。そうすると、一気に黙ってしまうのだという。

「会話をやめてしまうんです。先生とのやりとりもやめてしまう。これではやっぱり上達はしません」

受験英語ができても、スピーキングができるわけではない。とても残念なことだが、これもまた現実である。別の話なのだ。

語学学校では、先にも触れたように多くの場合で能力別のクラスになっている。例えば下から順に、ビギナー、エレメンタリー、プレインターミディエート、インターミディエート、アッパーインターミディエート、アドバンストといったものだ。

そしてこの仕組みが、日本人のモチベーションを下げているという話も聞いた。同じクラスが日本人ばかりになる、というのだ。

その実情について教えてくれたのは、語学学校ＭＩＴの校長ＹＯＳＨＩさんである。

「上のレベルはヨーロッパ人、下のレベルがアジア人、というケースが多いんです。だから、せっかく語学学校に入ったのに、日本人ばかりのクラスじゃないか、という方もおられるんですが、それは日本人の英語がそのレベルだからなんです」

受験英語はできても、リスニングやスピーキングを勉強してこなかったことが、国籍比率にも表れてしまうのだ。

「どうして日本人ばかりになるのかというと、それは勉強してこなかったから。残念ながら英語を話せる能力がないから。下のほうのクラスの国籍比率が一番多いところはどこか。日本人なんです。その一人になってしまった、ということなんです」

そうなりたくなければ、英語を勉強してから行くことだ。

「上のほうのクラスは、日本人が本当に少ないですよ。クラスで一人だけ日本人、というケースのほうがむしろ多くなります。その枠に入れたほうがいいですよね」

しかし、忙しいという言葉にかまけて日本で英語を勉強して行かない人が多い。英語は語学学校で勉強すればいいだろう、ということになって結局、下のクラスに放り込まれてしまうのである。

「今は日本にいてもオンラインで英語を学べる仕組みが、とても充実しています。ですから積極的に活用することを推奨しますね」

その上で、現地でレベルをさらに上げていく、というのが最良なのだ。それなら仕事も見つけやすくなり、外国人の友人も見つけやすくなる。

## お金には換えられない価値

すでに何度も紹介している看護師向けの「有給海外看護インターンシップ」は、コロナ禍をきっかけに、事前にオンラインで最長10か月、英語を学ぶことがカリキュラムになっている。その後、オーストラリアで学んでいるのが、語学学校ＭＩＴだ。校長のＹＯＳＨＩさんは語る。

「かつては、事前に英語を勉強してほしいけど、来ればなんとかしてあげる、というスタイルでやっていました。でも、日本で忙しい中で無理矢理にでも拘束時間をつくって、オンラインで勉強してもらう仕組みに変わったんです」

強制的に勉強が行われることで、英語に対する慣れができていったという。

「オンラインでも先生が外国人ですから、オーストラリアに来たときに、すでに外国人アレルギーがかなり減っているんですよね。だから、すぐに環境に慣れる。なんか聞いたことがあるぞ、と耳も早く慣れます」

オンラインで英語を学ぶことで、モチベーションの維持にもつながる。

「人間はだんだん弱きに流れますから。やっぱり大変だし、英語はいらないんじゃないか、といったネガティブサイクルに流れていくのを、防ぐこともできます」

ある程度、英語ができるようになっているから、現地に着いてからもスムーズに入れる。できるだけ早く英語力が高まれば、仕事にもプラスになる。アシスタントナースとして仕事ができるようになると紹介したが、それは英語力の高まりも大きい。

「私は英語をビジネスにしていますから、英語を来る前に勉強したほうがいいですよ、来たら語学学校に入ったほうがいいですよ、と伝えたいということも、もちろんあります。一方で、事前の勉強はいらないから、早く来たほうがいい、という人もいる。そうすると、シーソーみたいに振り子が振れるんです」

英語はできたほうがいい、という人が増えると、次は、英語はできなくてもいい、という人が増える。これが繰り返されている現実があるという。

「でも、やっぱり英語はできたほうがいいわけですから。英語に困るよりも、英語に困らないほうがいい。私はアメリカで英語教育学を専攻しました。英語の先生なんです。ですから、英語の悩みに対して回答を出してあげられるのが、英語の先生冥利に尽きるところなんです」

第1章で紹介したノルウェー人の恋人と一緒にオーストラリアにやって来た村上さんは、さすが恋人とのコミュニケーションが威力を発揮したのか、語学学校で上位のクラスに入っていた。その村上さんが語っていたのが、語学学校に入ったほうがいい、もう一つの理由だ。

「留学エージェントにも言われたのは、知り合いをつくったり、友達をつくったり、コミュニティをつくったりと、コネクションをつくるという意味でも、学校には少しでも行ったほうがいいよ、というアドバイスでした」

語学学校に行くことで、いろいろな情報も入ってくる。仕事を紹介してもらえることもある。それはもしかすると、お金には換えられない価値になるかもしれないのだ。

## 英語ができれば、夢にグッと近づける

一方、英語ができれば、実際にいろんな利点があることを教えてくれたのが、ワーホリの「有給海外看護インターンシップ」で2022年4月にオーストラリアに入国した看護師の岡田謙吾さん（30歳）だ。現在はパンデミックビザで滞在を延長させているが、この先は正看護師資格を取り、永住権の取得を目指している。

「子どもの頃に父がアメリカに赴任していて、3年間アメリカに住んでいたんです。それ以来、海外生活が憧れで、将来は必ず自分で生計を立てて海外に住みたいと考えていました」

看護大学を卒業して看護師になった当初から海外に行くことを決めていた。病院に勤務しているときに見つけたのが、ワールドアベニューの「有給海外看護インターンシップ」だった。「面白いな、と思って連絡をしたんですが、まだ行けないと言われて。臨床を1年、経験する必要があったからです。そもそもお金も貯まっていませんでした」

ビザを申請したのが、2019年。ところが、コロナ禍が世界を襲う。出発は延び、3年後の2022年になった。英語力にはまったく不安はなかった。

「アメリカにいたのは、12歳から15歳。英語を覚えるには、ちょうどいい年齢だったんです」

語学学校にも通ったが、最上位クラスになった。すぐに現地の英語の求人サイトで見つけたのが条件のいいアルバイト。英語ができれば、いい仕事が見つけられる。当然だが、雇用主にとってはクオリティの高い仕事が期待できるからだ。

働いたのは、オーストラリアの会社が展開する日本食を扱うレストランだった。時給は28豪ドル。土曜日だと32豪ドル、日曜だと40豪ドル近くで、ファインダイニングと呼ばれる少し敷居の高いレストランだったため、チップもあった。

「アルバイトに日本人はいませんでした。そんなに働いていないのに、月給で40万円くらいになりましたから、これにはさすがにちょっと驚きました」

翌年もワーホリで滞在できるセカンドビザ取得のためのファームジョブは、外国人が発信しているフェイスブックページで見つけた。

「農業はちょっと嫌だな、と思っていたんですが、ジンをつくっているディスティラリー、日本語でいう蒸留所で働く仕事があったんです。1か月後に働きたかったこともあったので、すぐに見つけられたのはラッキーでした」

その後は、アシスタントナースとして介護の現場で仕事をする。時給は30~40豪ドル。日本円で月60万円ほどをコンスタントに稼いだ。日本での仕事に比べるとハードさはなく、朝が早いことだけが大変だったという。英語に困ることもなかった。

そして当初からの目標だった永住に向けて、着実にステップを踏んでいる。まずは、正看護師の資格取得。日本で看護大学を出ているので、必要なのは国家試験とその後の実技試験だ。最大の難関は英語力の証明だという。だが、もともと得意な英語。そこに磨きを掛けるために、貯めた費用で一人暮らしをして勉強に集中している。医療系の人材は永住権が取りやすい。正看護師の資格取得は、グッとそこに近づけることを意味する。

「ポイント制になっていて、英語力とか年齢とか、さまざまな要素が考慮されます。永住権を持てば、国民皆保険にも入れますし、学費が安くなるんです」

すぐに永住権が出なくても、正看護師の資格と英語力で、病院で働ける可能性は高い。看護師はアシスタントナース以上の賃金になる。

「ゆくゆくは、自分でビジネスもやってみたいと思っていますので。まだ何も決まっていないんですが、なにかやりたいな、と思っています」

スキルと英語力で、人生の選択肢がさらに広がろうとしている。

## 就職も永住権獲得も、英語力がキーになる

英語力を磨いておこうと考えていたことが、結果的に偶然、いろいろプラスに働いたという経験を話してくれた女性がいた。ワーホリでシドニーに滞在中で、アルバイトとして語学学校

ＭＩＴの受付で働いている山口明子さん（32歳）だ。

入国は２０２２年４月。その後、パンデミックビザで滞在を延長し、２年目を過ごしているが、実は最初に入国したのは、２０１９年だった。

「その年の５月に、英語を勉強したくて、フィリピンのセブ島に３か月、語学留学をしたんです。実は何も考えずに、とりあえず勉強を始めたいと思いついただけで、その後のことは何も決めていませんでした。そんな人は、私くらいでしたけど（笑）」

周囲は、その後のオーストラリア、イギリス、カナダなどへの留学を見据えている人ばかりだった。

「せっかく英語を勉強したんだし、次の国に行こうと思いつきまして。オーストラリアで会おうね、と言ってくれた友達もできたので、帰国して1か月で準備して、すぐにワーホリでシドニーに来ました」

日本食のレストランでも働き始めたが、５か月ほどで新型コロナが世界を覆ってしまう。レストランは営業停止。それでも滞在をあきらめず、ブリスベンのいちご農家で働くことにした。

「パンデミック真っ最中だったので、オーストラリアに着くなり3週間の隔離が必要でした」

しかも、当時は働ける場所が限られていたということもあったのか、労働条件は極めて厳しいものだった。1日9時間働いて、報酬は30豪ドルほど。最低賃金が守られていない、法律違反の仕事だった。1日で辞めた。

「これは無理だと思って、すぐに日本行きの航空券を買って一度、戻ったんです。それで2年ほど仕事をしていたら、驚く情報があって。パンデミック期間中にワーホリに来ていて、期間を残して帰国せざるを得なかった人には、もう1年、ワーホリを無料でプレゼントしますとオーストラリア政府が発表したと耳にしたんです」

それでシドニーに戻って来た。飲食店でのアルバイトは前回、経験していたので、次は違うことにチャレンジしてみようと日本語のウェブサイト「JAMS.TV」で求人を見つけたのが、語学学校MITの受付だった。

「生徒じゃないんですよね（笑）。学校の受付の仕事はしたことがありませんでしたが、語学学校で働く、なんて選択肢があったのかと」

世界中からやって来る学生の窓口になるわけで、もちろん、これも英語力があってこそ。事前のセブ島での語学留学のおかげだ。セブ島では1日8時間のマンツーマンの授業を3か月受け続けた。滞在費も含めて60万円ほどかかったというが、大きな意味を持ったと語る。

「受付をしているといろんな相談を受けたりするんですが、つらくなる原因の一番は英語力というケースが多いんです。英語ができれば、現地での状況はまったく違うものになります」

ワーホリ後のポテンシャルを考えても、就職にも資格取得にも永住権獲得にも英語力がキーになってくる。英語ができることは、大きなアドバンテージになるのだ。

## 英語が苦手な日本人を狙う詐欺

海外に出て、最も避けたいのはトラブル。そのリスクをヘッジしてくれるのも、やはり英語力だ。オーストラリアでトラブルに巻き込まれることが多いのは、まずは住むところをめぐって、だという。

ワーホリなどで次々に外国から人が出入りするオーストラリア。聞けば都市部では週単位で家賃が設定されていたりする。これは、短期間で出入りする人が多い、ということだ。出入りが多い分、需給はめまぐるしく変わる。そして人が増えれば増えるほど、空きの物件は少なくなる。

現地に行けば、住むところくらい見つかるだろう、などという甘い考えを持っていると、大変なことになることもあるらしい。とりあえず1週間だけ滞在できるところを押さえておいて、現地で探せばいい、などというのも危険。1週間以内に次が見つからなければ、次の予約が入っているから、と追い出されてしまうからだ。

先に登場したワールドアベニューの松久保さんは、こんな話をしてくれた。

「バックパッカーなどが泊まる安宿にいるが、もう延長できない。住む家がなくて、今日どうすればいいかわからない。誰か泊めてもらえないだろうか。そんな投稿が、ＳＮＳにアップされることもあるんです」

現地の事情も知らずに、なんとかなるだろうと無計画に行動すると、こういうことが起きかねない。ワールドアベニューは、ワーホリのサポートを有料（3万円）で行っているが、そこには最初に滞在できる場所の紹介も含まれている。

「ホームステイとシェアハウスのどちらかを選択してもらって、4週間はいられるようにしています。滞在場所を確保していることは、大きな安心につながります」

家賃はそれこそピンキリ。長期で滞在するとなれば、自分の懐具合に合わせて家を見つける必要がある。最初に確保された4週間の間に、次に住む場所を探してくればいい、ということだ。

ただ、このときに必要になるのが英語力だ。内見でも契約でも交渉でも、英語力が活きてくる。逆に英語ができなければ、よくわからないままに契約させられることも起こり得る。実は、英語が苦手な日本人を対象に、詐欺も発生しているという。

次の家を早く決めたい、という気持ちを見透かされて、「他にも希望者がいる。先に申込金を振り込んでくれれば、あなたに貸す」と言われたと思い込み、振り込んだがもう別の人に決まっていて、お金は戻ってこない。文句を言っても、英語でまくしたてられて、何を言っているのかわからず、逃げられてしまう。

もっとひどいのは、架空の物件を契約させられてしまうこともあるという。なんだかんだと内見に応じず、部屋を見せない。時間ばかりが過ぎ、「早めにお金を入れてくれないと、他の人が来ているよ」と言われて応じてしまうと、実は物件の所有者ではなかった。中には、偽造された身分証明書を見せられることもあるらしい。

詐欺まがいのトラブルには、いろいろなパターンがあるが、日本語のサイトで情報発信が行われたものが多いという。日本人は英語ができない可能性が高い、と見抜かれているのだ。きれいな物件なのに相場に比べて大幅に安い。そんな写真に釣られて電話をするとカモにされる、というケースもあるらしい。情報自体、日本語が怪しいものもあるのだそうだ。

いずれにしても、家探しは誰でも苦労する可能性がある。ちょうど出る人がいたタイミングと重なり、なんともすんなり見つけられたり、日本人のオーナーの家に入れたりする人もいるが、今回も「家探しには苦労した」と語っていた人も何人かいた。

ここで、英語力が大きく活きてくる。トラブルや詐欺を避けるためにも、英語は重要になるのだ。

## 過去には、ブラックなファームジョブで働かされることも

英語ができないことで、日本人は仕事でも足元を見られたことがあったようである。オーストラリアでは、政府が最低賃金を定めているが、それを下回る金額で働いていた日本人も過去

にはいたというのである。

豊かな国からやって来て、しかも通貨も強かった時代には、日本人はそれほど細かなことにはこだわらなかったのかもしれない。後にも書くが、世界ではこれはスタンダードではない。おかしなことにはおかしいと声を上げるし、賃金については厳しい交渉をしたりする。

コロナ禍前は、ファームジョブでもトラブルはあったという話も耳にした。先に、ファームジョブで最低賃金を下回る金額で働かされ、1日で辞めたという女性のエピソードを書いたが、こういうことが他でもあったようである。

働いてくれる人がいなくて困っている状況にあれば別だが、働く側が働かなければいけない状況にあったりすれば、雇う側は強気に出ることもある。セカンドビザの取得のため、なんとか働かなければならず、足元を見られて、ひどい条件になってしまったという話だ。

出来高制、いわゆる収穫した分だけお金がもらえるという仕組みだったが、どれだけもらえるかの指標がコロコロ変わった、というのである。最もひどいときは、8時間働いて時給に換算してみると1豪ドルだったという。

また、地方に行けば住むところが限られてくるが、住宅によっては驚くほどの人数が、一つの建物に詰め込まれていたこともあったという。

だが、コロナ禍が明けて、かなり状況は変わった。警察によって摘発が行われたのだ。実際にブラックな働き方をさせていたファームのオーナーが摘発を受けて捕まったと知ったという人もいた。住宅も、取り締まりが進んだという。

ただ、こうしたトラブルも「日本人は英語が苦手だから」という通念が引き起こしている可能性がある。また、日本人はおとなしく、あまり文句を言ったりしない、ということも大きい。言い返したかったけれど、言い返せなかった、という女性もいた。

英語ができれば状況は変わるのだ。おかしいことはおかしい、と言うことができる。ましてや法律違反になっていれば、なおさらである。

ちなみにファームジョブも、出来高制から時給へ、という流れが起きているという。出来高制では、女性にはハンディが大きいからだ。オーストラリア政府とて、自国のイメージが悪くなるようなことを放置したりしない。時間はかかっても、改善に向かう。だから、主張すべきところは主張すべきなのだ。

一方で、ファームジョブの楽しさを語っていた人も多い。集合住宅に住み込み、現地で知り合った仲間たちと現場に向かう。大自然の中での収穫作業は、なかなかに気持ち良いものだったようだ。もちろん、ハードではあるのだが。

中には、集合住宅にトラックが迎えにきて、この日はあの現場、この日はあっちの現場と、派遣会社が連れていってくれるような仕組みのところもあったという。

ファームジョブに関する仕事情報は、オーストラリア政府からも発信されている。また、フェイスブックグループでも、たくさん情報発信が行われている。

## 英語力を伸ばす秘訣は、単語ではなく文章で答える

現地で使える英語の勉強法はあるか。たくさんの英語がうまく話せない日本人と接してきた、語学学校MITのスタッフ、KITさんがこんな話を聞かせてくれた。

「日本人が話せないのは、文法や読み書きの勉強ばかりやってきたからです。頭がすぐに訳そうとしてしまう。それでも最初は聞き取れなかった英語も、毎日、学校に来て英語の授業を受けているうちに、ずいぶん聞けるようになります。逆に言えば、リスニングだけ先に伸びてしまうんです」

暮らしているのは、英語が母国語のオーストラリア。日本人の友達がいたとしても、生活をしていれば、英語は日常的に入ってくる。そうすることで、言っていることはわかるようになっていく。

「でも、話せないんです。それは、頭で訳を考えてしまうからなんです」

そして日本人は、言っていることがわかったら、とりあえず何か返さねば、と態度で示してしまう。典型的なのが、ニコニコと笑ってしまうこと。

「加えて、ついつい Yes, Yes と答えてしまう。あるいは、Where are you from? と聞かれたら、Japan と言ってしまう。What time did you wake up this morning? と聞かれたら、

Sevenで済ませてしまう。これでもコミュニケーションはできるんですよ」

しかし、英語を話せていることにはならない。また、当然のことだが、深いコミュニケーションはできない。日本に戻ったとしても、電話の一本も取れないという。

「だから、語学学校で最初によく言うんです。英語力を伸ばしたかったら、間違えてもいいし、単語を逆に並べてしまってもいいので、簡単なことでも文章で答えなさい、と」

Where are you from? と聞かれたら、I'm from Japan と答える。

「そうやっていくうちに、リズムとして声が出てくるようになるんです。歌と同じです。歌は初めて聞いたときには、メロディを覚えられませんよね。でも、何度も聞いているうちに、自然に出てくるようになる。この感覚です。英語が早く話せるようになる人と、そうでない人との違いは、そこだと思うんです」

普段、生活をしている中でも、アンテナを張るといいという。スーパーで買い物をしていると、レジ係と前のお客がどんな会話をしているか。それをしっかり聞く。

「そうしているうちに、同じようなことを話していることに気づくんです」

アメリカの大学に行ったKITさんも、当初はYes, No くらいしか言えなかったという。しかし、間違ってもいいから自分から文章として声に出すようになってから、話せるようになっていった。

「いつまでも単語で生活をしていたらダメ。これでは話せません」

外国人の友達をつくって積極的にコミュニケーションした、という人も多かったが、たしかに友達との会話では学べることは限られる。ましてやお互いに母国語が英語でない友達なら、なおさらだ。

日常生活でアンテナを立て、会話を学びつつ、自分も文章で話すことを意識する。いいアドバイスだと感じた。

## 日本語と英語、両方の情報を収集する

私は経営者はじめ、ビジネスパーソンなど数多くの人々に取材を日々、行っているが、英語に関しては強烈な印象に残るコメントをもらったことがある。

「世界の中で見てみれば、日本語で発信されている情報は実は極めて少ない。世界の人々が見ているのは、英語の情報だ。日本語の情報だけに頼っていたら、限られた内容のものだけになり、判断を間違えることが起こり得る」

インターネットで情報を集めるにしても、日本人は当たり前のように日本語で検索を行う。しかし、インターネット上の情報の7割は英語の情報だと言われている。また、世界中に流通している学術系の論文のほとんどは英語だ。

日本語の情報は、極めて限られた情報でしかない、ということだ。量、質ともに圧倒的なの

は、英語の情報なのである。

折しもこの本を書いているタイミングで、生成AI「ChatGPT」に関して取材する機会があったが、識者からこんなコメントがあった。

「生成AIが取り出してくるのは、ネット上の情報です。日本語で出てくる生成AIのテキストは、日本語の情報から持ってきています。つまり、日本語という限られた情報の中から、回答を導き出しているということです。したがって、日本人でも英語ができる人は、英語で出てくる生成AIを英語で使っています。そのほうが、圧倒的な質を確保できるからです」

今回ワーホリで、日本語サイトではなく、英語サイトにアクセスできたことで、すばやく仕事を見つけられた人がいた、というのも、まさにそういうことだろう。日本語では得られない情報が、英語なら手に入るわけだ。

そして事前準備をする際にも、できれば英語でやっておいたほうがいいのは、言うまでもない。例えば、オーストラリアが、あるいはシドニーがどんな状況にあるのか。ワーホリの滞在先としてどうか。英語で調べてみれば、日本語よりはるかに多くの情報が流通しているはずだ。日本語では手に入らないような情報が、発信されている可能性は大きい。そうした情報を入手してからワーホリに行くのと、知らずに行くのとでは、大きな違いになるだろう。

それこそ、「レストランで働こうと足を使ってお店を回るとき、履歴書を渡すのはスタッフではなくマネージャーへ」というコメントを今回してくれた人がいたが、こういうことは英語圏内では当たり前のことなのかもしれない。

今回の取材で、こんなコメントをしていた人もいた。

「マネージャーを見つけたら、どんな風に挨拶すればいいでしょうか、という投稿が、フェイスブックグループにあったんです。それは違うだろう、と。自分で、英語で、調べればいいわけです。そうした調べる力が足りない。ネットを活用して、英語で調べられる力をつけてから来たほうがいい」

一方で、日本語での事前の情報収集も重要だ。日本人ならではの課題にも気づけるからである。先の家探しのトラブルや詐欺の話もそう。ワーホリやオーストラリアに関するSNSをフォローしまくって情報収集をしたという女性がいたが、予備情報はできるだけあったほうがいい。

それこそ私も体感したが、現地ではランチのから揚げ定食が2000円、夜ならラーメンに生ビールをつけると3000円を超える。これはまさに日本人の感覚でわかりやすいが、外食を繰り返していたら、あっという間にお金はなくなってしまうということだ。ブリスベンでワーホリ中のKさんは、こんなことを語っていた。

「そんなに貯金がなくて、最初の数か月で大きく使ってしまい、今は苦しくて、なんとか家賃を減らし、どうにか生きている、という人もけっこう見ます。どんな状況になっても大丈夫なように備えておくことは大切です」

しっかり貯金をしてから向かわないと大変なことになる。そういうことも、肌感覚でわかるはずだ。

## 英語力を高めて、日本人の強みをもっと活かそう！

英語力という課題に加え、コミュニケーションで日本人が注意しなければいけないこととして指摘をしていたのは、日本食レストランのマネージャー・Sさんだ。

「日本人はシャイ、というか自分の思っていることを伝えない、という印象があります。わかった？　と聞いても、うーんと言っていたりする。それで、やっぱりわかっていなかったりするです。せっかく説明してもらったのに、わからないと言うのは申し訳ないという気持ちもあるようです。でも、そこではっきり意思表示をしないと、あとで困ることになるんです」

背景にあるのは、日本人独自の空気を読む文化のようだ。はっきり意思表示をしなくても、いわゆる「あ・うんの呼吸」で、「ああ、この人はおそらくこうなんだな」と相手が察してくれるのだ。

実はわかっていなかったとしたら、「うーん」とモジモジしている様子を見れば、「ああ、わかっていないな」と気づいてもらえる。それなりの対応をしてもらえる。日本人は、こうした文化に慣れているのである。しかし、海外ではそれはないのだ。

「あと、最近気になっているのは、自己中心的な日本人の若者が増えてきていることです。何の前触れもなくいきなり、辞めます、と連絡が来たりする。ちょっと相談してくれればいいのに、と思うんですが、それもない。中には、連絡を絶って来なくなってしまう人もいます」

このコメントが出るのは、かつてはこんな日本人はまずいなかったからだという。そして裏を返せば、それは日本人が評価されていた点だったからだ。

「まじめですよね。そして、誠実。本当によく働く。何かあると気遣える。これは私だけではなく、他のブランチマネージャーや他の店の人たちにも聞いて、出てきた日本人に対するコメントでした」

日本人に英語が苦手な人がたくさんいることは、現地の人たちもよく知っている。また、経済が停滞していたり、賃金が上がっていなかったり、為替が弱くなっていることも明らかになってきている。ただ、それで日本や日本人が低く見られているのかというと、そんなことはないようである。語学学校ＭＩＴの校長ＹＯＳＨＩさんは言う。

「あまりイメージは変わっていないですね。今も、クリーンでお金持ちの国だと思われています。稼げる国ではないけれど、経済大国というイメージは強い。あとは、食べ物がおいしくて、街が美しくて、統率されている」

しっかり教育が行われていて、道徳的であるという印象も強いという。

「悪いことをする人は少ない、というイメージがありますね。最近では残念なことにちょっと変わってきていますけど。そもそも、安全、安心な国と思われています。あとは漫画やアニメなど、サブカルチャーも人気。アジアでは日本のアニメ映画が人気ですし、中南米では日本の古いアニメが放送されていたりしているので、世界の人たちと共通のテーマになります」

日本のイメージは決して悪くないのだ。英語でいいイメージをつくることができれば、さらに印象は高まる。それこそ日本人ならではのまじめさや丁寧さ、ホスピタリティに英語力が加われば、世界のどこにも負けない力にできる可能性だってある。

ＩＴ企業、Ｓａｚａｅの溝尻さんもこんなことを言っていた。

「几帳面で丁寧、言ったことはちゃんとやるんです。だから、雇用主からすれば、やっぱり圧倒的に雇い甲斐がある。足りないのは、コミュニケーション力なんです」

自信を持って話したり、楽しそうに話したり、堂々と話したり。それができないだけで、仕事ができない人だと思われてしまいかねないのだという。

「人と関係をつくれる英語力というか、社交性というか。英語でジョークを入れてユーモラスに話せるだけで、仕事ができそうに見えるんですよ。こういう日本人はあまりいないんです」

逆に、英語が流暢に話せるようになれば、希少な評価が得られる人材になれるということだ。そして、世界のどこでも働ける。そうなれば、収入だって跳ね上がる。日本で給料が上がらないことに、嘆くような必要はもうなくなるのである。

第6章

# なぜ、オーストラリアの最低賃金は高いのか？

## 先進国で進む激しい人材獲得競争

## 生ビールとラーメンで3000円！

すでに紹介しているように、オーストラリアの労働者の最低賃金は高い。時給23・23豪ドルは、日本円で約2000円。これは、世界最高水準だ。

OECDの国別平均賃金データ（2022年）を見ても、オーストラリアは年間5万9408米ドル（約860万円）。日本は4万1509米ドル（約600万円）である。

オーストラリアの賃金は、なぜこれほど高いのか。それは、端的に高い賃金が可能になっているからに他ならない。物価の高さもその一つ。だから、企業は人件費を高くすることができる。

実際、私も取材時に実感したが、シドニーの物価は高かった。先にも触れているが、ランチのから揚げ定食は日本円で約2000円だったし、すき焼き定食は3000円、生ビールとラーメンで3000円を超えた。また、サンドイッチは700円、寿司ロールは600円、空港で売られているミネラルウォーターも400円ほどだった。

だが、高いのは外食や加工品なのだ。現地でつくられている野菜や果物、お米などは日本よりも安いのではないか、と思えるものもあった。ワインが売られている店にも行ったが、あまり高いとは感じなかった。これは、国が補助金などで物価をコントロールしているのだろう。

### シドニーの物価は高い（1豪ドル＝95円）

| 商品・サービス | 豪ドル | 日本円 |
|---|---|---|
| オフィス街のランチ（ドリンク付き） | 24 | 2,280 |
| ファストフードのランチ | 15 | 1,425 |
| パブのディナー（2名） | 71 | 6,745 |
| パブのビール（500ml） | 11 | 1,045 |
| レストランのコースディナー（2名） | 110 | 10,450 |
| クラブのカクテル（1杯） | 23 | 2,185 |
| カフェのカプチーノ（1杯） | 5.49 | 518 |
| 国産ビール（500ml） | 5.66 | 538 |
| 赤ワイン（1本） | 24 | 2,280 |
| コカ・コーラ（2L） | 3.97 | 377 |
| マールボロ（1箱） | 40 | 3,800 |

（出所） Expatistanのデータ（2023年9月現在）をもとに作成。

もちろん、生活者にとっては、物価は安いにこしたことはない。これほどありがたいことはない。しかし、労働者としては果たしてどうなのか。生産性を上げるなどの企業努力もあるが、基本的には物価、つまり製品価格が上がっていかなければ、賃金は上げようがないのではないか。

そしてもう一つ、オーストラリアで賃金が上がっている理由は、労働者が声を上げているからだ。賃金に納得がいかないとなれば、労働者は経営者に対して賃金交渉をする。これが、半端なものではないと聞いた。また、年平均で5％前後ずつ上がっていくことも珍しくないという。

端的に、賃金を上げてくれなければ会社を去るぞ、とやるわけである。優秀な人材には去ってほしくないから、経営者は賃金を上げるしかない。そして、賃金をちゃんと上げられるだけの経営を推し進めていくしかない。

「景気が悪いので、ちょっと賃上げはできない」「業績が良くないので、給料は大きくは上げられない」などと経営者が考えたら、その場から労働者が去ってしまうだけである。そんな経営者のもとで働く理由などないからだ。

つまり、経営者は厳しく突き上げられるのだ。それに応えることができなければ、社員は去ってしまう。人手を確保することができなくなるのである。

オーストラリアでは、ストライキも多い。賃金アップに対して納得いくような回答が得られなければ、ストライキという手段に出るのだ。労働者も賃金をアップしてもらうということに対して、しっかり努力しているということである。

## 魅力ある国でなければ、世界の人材獲得競争に勝てない

オーストラリアは移民国家で、コロナ禍前まで年間約20万人が永住権を獲得してきた。移民を増やすことによって人口を拡大させ、経済も活性化させてきた側面がある。オーストラリア経済は1992年から、コロナ禍前の2019年まで28年連続でプラス成長を続けたが、その

要因の一つに移民受け入れがあるのは間違いないだろう。

ただ、魅力のない国に移民しようという人はいない。魅力があるからこそ、移民をしようと海外から今もたくさん、オーストラリアにやって来ているのだ。その理由に、間違いなく世界最高水準の賃金は挙げられる。

アメリカが優れた人材を世界中から集め、豊かな国をつくり上げたことはよく知られているが、今起きているのは、まさに世界レベルの人材獲得競争なのだ。

日本の若者の「出稼ぎ」を紹介したのがＮＨＫの番組『クローズアップ現代』だったが、実は同じ番組の後半で、日本で働くベトナム人の労働者の声が紹介されていた。

日本の賃金は安い。しかも、円安でその価値はさらに下がってしまっている。ベトナム人にとって、日本で働く魅力がどんどん薄れてきているというのだ。

そのために、技能実習生の名のもとでベトナム人労働者を雇用してきた日本の農家の中には、ベトナム人が集められなくなって困っているところもあるという。日本で働くよりも、韓国など他の国で働いたほうが稼げるという実態があるからだ。

この先、例えば介護を担う人材が圧倒的に足りなくなることは予想されている。海外から人材を集めてこなければ、立ちゆかなくなる可能性が高い。しかし、実はそれは、高齢化が進む、どの国でも同じことだ。

オーストラリアの介護現場で、日本の看護師が働いたという実例を紹介したが、同僚はフィリピンやネパールの人材だったという。もし、海外の人材に介護を担ってほしいのなら、日本はオーストラリアともグローバルレベルで賃金レベルも含めた人材獲得競争をしなければならないのだ。

建設や工事なども担う人材も同様だ。人材が高齢化し、担い手がどんどん減っている。日本の建設現場などでも外国人を見かけることも増えてきたが、この先、この領域でも人材獲得競争が起こる。賃金が高い国と安い国、どちらが選ばれるか。

シドニーの工事現場では、中南米の若者たちをたくさん見かけた。実は現地で聞けば彼らの多くは、学生ビザで入国しているのだという。学生ビザでは、一部に制限はあるが、基本的に自由に働ける。そこで、語学学校や専門学校に通い、空いた時間で肉体労働をしているのである。

語学学校には、コロンビアとブラジルからたくさん学生が来ていると聞いたが、自国の経済水準を考えるとかなりの費用になる。そこで、銀行が教育ローンを提供しているのだという。そのお金でオーストラリアにやって来て、学校に通いながら働き、ローンを返済するのだ。

建設現場では、時給30豪ドルから60豪ドルも稼げるという。がんばって働いて稼ぎ、借金を返済し、生活しながら自国にも送金する。そして必要であれば、また別の学校に入って学生ビザを取得する。こうして稼ぎ続けるが、数年で帰国するという。自国愛、家族愛を大事にする国だからだ。

まさに「出稼ぎ」であり、彼らにとってオーストラリアは極めてありがたい国になっているが、実はオーストラリアにとってもありがたいのだ。なぜなら、学校に通ってお金を落としてくれる上に、自国では人手不足の工事現場などブルーワーカーの仕事を担ってくれるからである。やってもらわなければいけない仕事を、してもらっているのである。

## リスクとリターンのメカニズムは嘘をつかない

オーストラリアでさまざまな人たちに取材をして実感し、またいろいろ調べてわかったのは、政策が極めて合理的であり、インセンティブ設計もうまいことだ。

例えば、すでに紹介している正規雇用と非正規雇用の賃金差。オーストラリアでは、正規雇用の時給よりも、非正規雇用の時給のほうが高い。理由は明快で、正規雇用は安定しているが、非正規雇用は安定していないからである。

しかも、カジュアルという最も安定しない働き方の場合は、25%の賃金割増しが義務づけられている。ワーホリで働く人たちが稼げるのは、この割増しがあることも大きい。

いわゆるリスクとリターンの関係である。リスクが大きいものには、リターンが大きい。リスクが小さなものには、リターンが小さい。これは経済原理であり、合理性のある物事のメカニズムといえる。

もっと言ってしまえば、安定を取るか、賃金を取るか、という「選択肢」でもある。高い賃金が欲しいのであれば、安定していない非正規を選べばいいし、安定したいと考えれば、賃金は低いが正規を選べばいい。

例えば、あまり長時間は働けないので、少ない時間で多くの賃金が得たい、という場合には、非正規を選べばいい。賃金は低くても、安心して長く働きたいというなら、正規を選べばいい。「選択肢」なのだ。

つまり、どちらかを選べるのである。そして、賃金はカジュアルより高く、同時に安定もしている、という仕事はない。リスクとリターンでいえば、道理に合わないからである。メカニズムとして、おかしいのだ。

## 人がやりたがらない仕事ほど賃金が高い

他にも、オーストラリアには、わかりやすい合理があった。人がやりたがらない仕事をしたり、人が働きたがらない時間に働けば、賃金が極めて高いのだ。実際、サービス業などでは土曜日の時給は平日の1・5倍、日曜日は2倍が保証されている場合もある。

ここでも「少ない時間で多くの賃金が得たい」という選択ができる。だから、やりたがらない人の多い週末も、誰かに働いてもらうことができる。一方で、「そんなに稼ぎたくないから土日は休みたい」という選択もある。

これまた日本はどうだろうか。人のやりたがらない仕事の賃金は、ちゃんと高くなっているか。人が働きたがらない職業や時間帯、曜日が、ちゃんと高い賃金になっているか。オーストラリアほど、はっきりしているか。インセンティブ設計もなしに、「人が足りない」などという声が上がっていないか。

ワーホリの活用すら、実は戦略的だ。うまいな、と私が特に感じたのが、ファームジョブとセカンドビザ、サードビザである。

日本もそうだが、地方都市の農場をはじめ、働いてくれる人がなかなかいない仕事はたくさんある。そこで、こういうところで働いてくれる人に「ご褒美」をつけたのだ。ワーホリでの滞在延長である。

1年目に3か月間、ファームジョブをやってくれれば、2年目も滞在できるようにする。2年目に6か月間、ファームジョブをやってくれれば、3年目も滞在できるようにする。

日本人は毎年1万人ほどだが、オーストラリアにやって来る世界からのワーホリの若者たちは10万人を超える規模だ。ワーホリの魅力は働きながら滞在できることだが、オーストラリアはこのワーホリの若者たちにファームで働いてもらうという戦略的活用を考えたわけである。

人手が足りないところに、うまく人が行くように仕向けているわけだ。

こうすることで、ワーホリの若者たちはご褒美をもらえ、人が採用できないファームは人が確保できるようになった。一石二鳥のウィンウィン。見事に仕組み化されている。

地方都市の農業なんて誰もやってくれる人なんていないだろう、などという嘆きはここにはない。戦略的な設計が行われているのだ。ちゃんと頭を使って。

## 国が求める人材に永住権を取りやすくする

インセンティブ設計はそれだけではない。永住権もそうだ。オーストラリアは年間20万人規模で永住権を出しているとは先に書いたが、大きな魅力がある。国民皆保険だ。公的な医療保険がしっかりしているので、万が一の医療負担が小さい。これが世界的にも大きな特色になっている。

また、永住権を持っていれば、学費も安くなる。大学進学や大学院進学は、永住権を取ったあとだと半分ほどになるという。

逆に外国人にとって学費が高いのは、オーストラリアでは教育がビッグビジネスになっているからである。語学学校も含めて、世界から学びにオーストラリアにやって来るわけだが、こうした人たちは学費や生活費で大きなお金を国に落としてくれることになる。しかも、来てもらって国の魅力を知ってもらえれば、移民にもつなげられる。

そして永住権といっても、永住しなければいけないわけではない。日本人なら、終の棲家をどちらにしてもいいのだ。日本にするか、オーストラリアにするか、という「選択肢」が持てるのである。

美しい自然に囲まれて暮らせる、といった動機だけではない。実際、今回も語っていた人がいたが、日本がもし経済的に立ちゆかなくなったとしたら、オーストラリアに永住すればいい。人生のリスクヘッジになるわけだ。

だが、もちろんオーストラリアは、誰にでも永住権を出しているわけではない。自国にとって必要な人材、不足している人材にフォーカスしているところがある。永住権も戦略的に使っているのだ。

例えば、職業。世界中で求められている職業といえば、医師や看護師だ。最も取りにくい人材ともいえる。だから、永住権を取りやすくしている。だが、医療系はわかりやすいが、そればかりではない。例えば、シェフ。料理人は現地生活の充実や観光にとって大きな価値を持つ。となれば、シェフも永住権を取りやすくする。

そうすると何が起きるのかというと、シェフを育てる専門学校ができるのだ。そこに世界中からシェフ見習いが集まって来る。学びにお金を落としてくれた上に、後に永住権を取ってくれれば、今度はシェフたちが現地の生活を充実させたり、外貨を稼いでくれるようになる。

もちろん、医療関係しかり、シェフしかり、スキルだけがあれば永住権が取れるわけではない。英語力など、さまざまな条件が課され、永住権を獲得する際には、数十万円の費用もかかる。これも、オーストラリアの国庫に入る。

## 制度を固定化していない戦略的な取り組み

実際には、永住権を取りやすくなる職種はさまざまにある。会計士、大学教授、経営コンサルタント、エンジニア、大工などだ。それが政府のウェブサイトなどで公開されている。

これこそ、オーストラリアで不足している人材だ。欲しい人材を国に迎え入れる合理的なシステムがつくられているのである。

そして、さらに戦略性を感じるのは、制度が固定化していないことだ。例えば、「この職種はもう人がたくさん確保できた」となれば、永住権を取りやすくするリストから外される。そして、他に「この職種が足りないのでは」「これも加えたほうがいいのでは」というものをリストに加えていくのである。

一度、決めたら、なかなか変えられない、ということはない。むしろ、コロコロ変わって対応するのが大変なほどだという。それくらい、柔軟に制度が設計・運用されているのだ。

移民という言葉が日本で使われるとき、ネガティブな反応が出る場合も少なくない。それこそ、出稼ぎでやって来る人たちで治安が悪くなるのではないか、というものが象徴的だろう。

しかし、治安が悪くならないようにできる移民や外国人活用もあるのである。必要な人材だけを確保するという取り組みを、戦略的に考えればいいのだ。まさに、オーストラリアがそれをやっているのである。

不足しているから歓迎しているといっても、永住権の取得には、英語力など、それなりのハードルを設けているため、誰もが簡単に入れるようにはなっていない。

そして必要な労働力は、移民以外でも手に入れる。学生ビザでやって来る若者たちしかり、ワーホリでやって来る若者たちしかり。農業、建設、サービス業などなど、彼らにオーストラリアで足りない労働力をカバーしてもらっている。

しかも、実は学生ビザもワーホリも、どの国でも簡単にビザが取れるわけではない。日本はオーストラリアからのビザの取得はかなりハードルが低いが、一部のアジアの国の中には、なかなかビザが出ない国もあるのだ。

言ってみれば、出入りの量をビザでコントロールをしているのである。明らかに出稼ぎ目的、という人たちが増えてくる国があれば、ビザが出にくくする。微調整しながら、国に必要な労働力を確実に確保できるようにしていく。

それこそ愛国心や家族愛が強く、数年で帰国するケースが多い中南米の人たちには、たくさんのビザを出しているのではないか。銀行のローンもあり、まじめに学校にも行くし、工事現場などで熱心に働いてもくれるが、数年で帰国するからだ。

一方で、近い国からやって来て、学校にも通わず行方不明者が続出するような国になると、あっという間にビザは絞られる。こうして治安の乱れも防ぐわけだ。やはり戦略的なのである。

さて、日本は「世界の人材獲得競争」をどう考えているのだろう。どんな戦略があるのだろう。

第7章

# ワーホリで得られる10のこと

## 海外チャレンジする人だけが手にするもの

ワーホリ経験者をはじめ、さまざまな声をお届けしてきたが、では長期で海外に滞在することで何が得られるのか、どう変わるのか。その魅力を整理してみたい。

## 得られること1 人生は素晴らしい、と気づける

「あ、これで良かったんだ」「こんなことでも生きていけるのか」「もう怖いものがなくなった」「人生、捨てたもんじゃないとわかった」……。

今回、ワーホリで、あるいはワーホリを終えてオーストラリアで過ごしている人たちへのインタビューでは、こんな声が次々に聞こえてきた。日本で暮らしていると、知らず知らずの間に、「これこれはこういうもの」「こうしなければ生きていけない」「これしか答えはない」といった思いにとらわれがちだ。

しかし、海外に踏み出してみると、そんな「日本の常識」は単なる思い込みだったことに気づけるようである。実は人生にはいろんな可能性があり、いろんなポテンシャルがあり、いろんなチャレンジが可能だということだ。

こんな話をSazae代表の溝尻さんとしていて、強烈に印象に残った一言がある。

「人生、素晴らしいのにね」

オーストラリア人の妻を持つ溝尻さんにも、海外で長く暮らすようになって、「ブレイクス

ルー」の瞬間があったという。

「日本人の感覚からは、大きく完全に外れていきましたよね。だってまわりはみんな、希望を持ってチャレンジしていくんですよ。そのほうが楽しくないですか。一生懸命、今の生活を守ろうとしてチャレンジをしないなんて、もったいない。だって、いろんなことができる可能性が、実際にあるわけですから」

溝尻さんの会社で働くMさんもこう語っていた。

「幸せな人生はこういうもの、という固定観念が日本人には強烈にあるような気がしていて。でも、オーストラリアに来てみてわかったのは、そんなことは誰も気にしていないということです。だって、幸せは人それぞれでしょ、と。好きな道を行けばいい、とあっさり言われます。それがお前の幸せだろう、と」

ワーホリでシドニーに滞在、バリスタとして働く古河さんも実感したことがある。

「生きやすいんです。何をしていても、特に何を言われることもない。自分のやりたいことをやればいい、という感じです。また日本人って、仕事のために生きているところがありますよね。でも、こっちの人と会話していると、〝来月から3か月、ヨーロッパ旅行に行くんだ〟と楽しそうに語るわけです。あとで同僚に聞くと、〝そりゃ会社は辞めるよね〟と。プライベート、自分の幸せ、楽しいことが第一優先なんです」

そしてワーホリで古河さん自身も、それを体感している。

「発見と驚きの毎日ですから。社会に出ると、日本では変化が少ない。でも、海外に出れば、変化が毎日ある。いろんな考え方、生き方に触れられる。それは日本では絶対に感じることができないと思います。毎日が楽しいです」

新しい発見が大きな可能性を生んでいるのを間近でも見た。

「オーストラリアのアルバイトでバリスタという仕事に目覚めて、日本でやるんだ、と嬉々として帰国していったワーホリの大学生がいました。こういうのもいいな、と思ったんです。日本だと飲食業に踏み出すのは、大学生からするとリスクが高いことだと思うので、これもワーホリならでは、ですよね。でも、日本では味わえない経験、おいしいコーヒーを知ったんだろうな、と思いました」

日本を出発する前、そしてワーホリから戻ってきた後の若者をたくさん見てきた留学カウンセラー、染野さんはこう語る。

「人生なんとかなる、という考え方になる方がやっぱり多いですね。だから、やりたいことをやらなくちゃ、楽しまなくちゃ、と。また、思い込みを捨てられたという方も多い。日本では、女性が年齢を気にしたりしますが、海外に出れば女性の年齢なんて気にしません。また、看護師だから看護師として働かないといけない、と留学前には思っている人が多いですが、そうじゃなくて、いろんな道があっていいとわかった、という方も多い。全体的な印象は、強くなって帰ってくること。思っていることを口に出さないと伝わらない世界で生きるとそうなりますね。うれしいです。変化が見られるのは」

## 得られること2　自分らしくいられる

日本にいるときに、どれくらい無理をしていたか、自分を出せずにいたか、に気づけたという声もあった。海外に来て、自分らしくいられるようになった、と。

そもそも多様なバックグラウンドを持つ人が集まっているのが、オーストラリア。価値観が押しつけられることはない。加えて、人のことをジロジロと観察するようなこともないのだ。

ワーホリでやってきた美容師の藤井さんはこんなことを語っていた。

「誰も人のことを気にしていない、という印象がありますね。そしてこれが、本当にラクだし、過ごしやすいと思いました。今は緊張もしているし、自分の生活がまだままならないストレスはありますが、日本にいたときの〝まわりを気にしないといけない〟みたいなストレスからは100％解放されています」

どうして日本であんなにまわりを気にしていたのか、とても不思議になったのだという。そしてこれは、美容師としての気づきにもつながった。

「アジア系のお洒落や可愛さは、つくり込む感じのものなんです」

日本食レストランのマネージャー・Sさんも、これが長く住むことになった理由だったという。

「自分は自分でいいんですよ。みんながそう考えている。だから、人の目をあまり気にしなくなりますよね。特にシドニーやメルボルンは、マルチカルチュラルなので偏見も少なかったりしますから」

だから、暮らしやすいのだ。

「何を着ていても、何も言われない。日本なら、この年齢でこれを着て恥ずかしくないの、なんて言われそうな服でも問題ない。ちょっとそこまで行くのにメイクもいらない。ラクなんですよ」

人と同じでなければいけない、といった周囲の目がないのだ。こういうときには、こうしなければいけない、といった暗黙のルールもない。

特に最近では、SNSの影響もあるのか、日本では過剰なほどに周囲に適応しなければならない空気感があるのではないか。指摘を受けたくない、とばかりにとにかく無難に、無難に過ごす。それが、なんとも窮屈な日常を生んでいる。

多文化多民族国家には、凝り固まった価値観はない。だから、自分らしくいられる。それは、肌感覚で気づけるほどのものなのだろう。

## 得られること3
# 生きていく自信がつく

人生を生き抜く上で最も大事なことは、果たして何だろうか。学歴か、会社のブランドか、仕事のスキルか……。極めてシンプルに考えたとき、こういうことではないか、と思うものがある。「どんなことが起きても生き抜く力」だ。インタビューをして漂ってきたのは、この力だったという印象がある。

20代はワーホリ制度を使い尽くしたいと語っていた塩野さんが、こんな表現をしていたのが、とても印象的だった。ロールプレイングゲームっぽくて面白いな、と。

「お金に対する不安はまったくなくなりました。結局、海外でも稼げることがわかったので。現地で仕事も見つけられる。それができることがわかったんですよね。だから、いろんなところに行って、現地で稼いで過ごすのもいいな、と。家を見つけ、仕事を見つけ、生活費用をどこまで切り詰めて暮らすか。もうこれ以上できないだろう、くらいの感じになったら、ゲームクリアになる。それ、楽しそうじゃないですか」

1年ほど前まで地方都市に暮らし、大学を卒業して働き始めたばかりの会社員だった。就職して、結婚して、家族を持って家を買う。それが幸せのスタイルだとわかっていたが、あえて飛び出した。すると、わずかな期間でこれほどまでに、新たな生きる自信を身につけたのである。

「いい大学に入って、いい就職先を見つけて、みたいな価値観を実際に持っていたのも事実です。だから、大学時代にワーホリには行かなかった。ネットで見ると、逃げたヤツと見られがちだと書いてあったからです。就活の面接でもあまり評価されないという意見がたくさんあったりした。でも実際に来てみると、そんなことはまったく関係なかったですね。日本で就職する際にどう活きるのかはちょっとわかりませんけど、小さな価値観はすべてぶっ壊れましたから。オーストラリアに来て知ったのは、本当にいろんな考え方があるということです。自分の好きなことをやっていいんだ、ということもそう。とにかく、他に選択肢がない、というのが、最もつらいことだということはわかりました」

そして問われるのは、自分次第。自分がどうしたいのか、ということ。

「ワーホリでも、仕事がないとか、家が見つからないとか、いろいろありますけど、実際には仕事も家も見つかっている人がいるんですね。だから、自分次第ということです。これは人生も同じ。あとは運かな。だから、うまくいかなかったら、しゃあないな、前向こう、くらいのマインドで考えたほうがいいと思っています」

それこそ、もはやほとんど聞くことがない古い言葉になってしまった「若いときの苦労は買ってでもしろ」があるが、逆境は人を強くすることは間違いない。人をたくましくする貴重な経験を、海外は与えてくれるのである。

## 得られること4

# 小さなことで悩まなくなる

小さなことでクヨクヨしたり、悩んだりしなくなった、と語る人も多かった。看護師からワーホリでオーストラリアに来て、今は永住権を持っている山本さんは言う。

「もともとまじめな性格でした。日本にいるときを振り返ってみると、とても仕事を一生懸命やっていたし、完璧主義なところがあったのかもしれないです。日本ではそれがよいとされているわけですけど、今はもうちょっと柔軟に物事が考えられるようになりました。おかげで、小さなことで悩まなくなりましたね。また、自分にとって一番大事なことをしっかり意識できるようになりました」

これは多民族国家というオーストラリアの大らかさや自然などの環境もあるかもしれない。しかし、やはり日本にずっと暮らしていると気づけない「異常さ」に気づける、ということでもある。

「普通にいかないことが当たり前になりますので（笑）。何か新しいことにチャレンジしようとすれば、うまくいかないところから始まるわけです。それを希望を持って、ワクワクして楽しむところから始まります」

日本はあまりに便利で快適なのだ。そして安定をよしとする。こうなると、ちょっとした問題が、大きな不快や、時には怒りにまで昇華してしまうこともある。たったこんなことで、どうしてこれほどまでに怒るのか、という人を見かけた人も多いのではないか。

また、安定して変化がないことを価値とすれば、それを乱すものはすべて不安になる。日々を乱す小さなことが、気になって仕方がなかったりする。しかし、海外に出れば、変化から始まるのだ。

まだワーホリに来て2か月のEさんは、こんなことを語っていた。

「やっぱり多かれ少なかれ、苦しい思いをすることになります。だから、自分と向き合うことになるんですよね。その覚悟は持っておいたほうがいいです」

だが、誰もがまずは直面するこの苦しさを乗り越えられたとき、強さが手に入れられるのだろう。そして、「普通にいかない」ことが楽しめるようになる。しかし、そもそも「普通にいかない」ほうがスタンダードなのだ。

日本はたしかに快適で便利だが、これが未来永劫、続く保証はどこにもない。安定を求め、変化を避けることは否定しないが、先にも書いたように、そもそも誰にも未来はわからない。問われるのは、思わぬ事態に直面したとき、それを乗り越えていく力なのではないか。

そしてその感覚が身に付けば、小さなことになど、気持ちは向かなくなるのだ。

得られること5

# 人生で最も大切なことを知る

オーストラリアに暮らす看護師の山本さんが、一番に考えるようになったことがあるという。

「家族や大好きな人と過ごす時間です。オーストラリアの人たちの生活を見ていると、家族と過ごす時間を、ものすごく大切にしていると強く感じたんです」

6週間の有給休暇を、日本で家族と過ごす時間に使ったことは、すでに書いた通りだ。しかし、それだけではない。日本にいるときには、家族と毎日、話せる時間はなかったが、今は毎日のように電話をしているという。

オーストラリアで尊重されているのは、プライベートの充実だ。そして、もちろん自分も大事にするが、相手のプライベートも大事にする。Sazaeの溝尻さんがこんな話をしていた。

「英語では、How are you? って、みんな聞きますよね。でも、日本人は聞かないんですよね」

How are you? は「こんにちは」ではない。「元気ですか」なのだ。相手を気遣う言葉なのである。

「あと、会社でも、プライベートなことをどんどん話すんです。How was weekend? 週末はどうでしたか、と月曜日には必ず会話が飛び交います。日本人は聞かないですよね」

しかし、相手のプライベート情報がわかっていなければ、相手のプライベートを尊重することは難しい。相手の家族構成や趣味がわかれば、プライベートについてコミュニケーションできるが、そうでなければできない。

「だから日本では、公私をミックスさせちゃいけないのかな、と思ってしまうわけです。会社では、仕事にすべて捧げないといけないんだな、と。How are you? が飛び交っていれば、そういうことはなくなります。私も今日、子どもを学校からピックアップするので早く帰らないといけないんですが、そういうことも普通に言える。みんなも、それでいいと思っています」

溝尻さんがシドニーでローカルのＩＴの会社に勤めたとき、仕事が終わってまだ外が明るいのにびっくりしたという。残業がなかったからだ。人生は仕事の時間に費やすためにあるわけではない。充実させるためにあるのだ。

ただ、それでも仕事が大事だと考えるなら、そういう選択肢もある。やりたい仕事にチャレンジすることは人生で最も大切、という価値観もありだ。しかし、であるなら、真剣にそれに向き合う必要があるだろう。何かに我慢して、やりたいことをしていないなら、不思議に思われる。そして、やりたいことを応援してくれる。そんなふうに語っていた人もいた。

留学カウンセラーの武政さんはこう語る。

「海外では、やりたいことがあって口に出したりしたら、間違いなくポジティブな返事がきますね。不安を持っていると言うと、〝そんなの考え過ぎじゃない?〟と言われます。〝やりたければ、やったほうがいいよ〟と」

日本では、さてどうだろう。何か新しいことをしようとするとき、どういうわけだか、ネガティブな返答が戻ってくることのほうが多いのではないか。まるで、羽ばたくことを止めようとするかのように。

## 得られること6　英語力がつく、グローバルスキルがつく

もちろん勉強もしないで勝手に上達することはないが、それなりに努力すれば身に付くのが英語力。英語については第5章で詳しく書いたが、手に入るのは単なる英語力だけではないようである。

スモールビジネスで起業したテラニさんが語っていたのが、「自分を変えていくことを言葉が邪魔している」ということだ。しかし、日本語ではなく、英語を話すようになれば、それは変わる。

「ああ、何をしてもいいんだ、何をやっても生きていけるんだ」という気づきは、英語ができるようになったこととも大きく関係しているという。そして、いろんなことをポジティブに考えられるようになった。

オーストラリアで、いち早くマスクが外されたのも、そういうことかもしれない。経済を元

に戻そう、かつてのような生活を取り戻そうという思いが人々にあったからだろう。実際、私がシドニーに取材に行った6月も、マスクをしている人はほとんどいなかった。テラニさんはいう。

「もう世界的にコロナを気にしないようになって、オーストラリアでもみんなマスクを外すようになったタイミングで日本に戻ったんです。ところが、コロナが心配だから会えない、と友達に言われてしまって。しかも夏なのに、みんなマスクをしている。やはり日本人は、ちょっと考え方が違うな、と感じました」

新しく手に入る何かいいかもしれないものより、古くてよくわかっているものにすがりたい。可能性に目を向けられない。チェンジができない。

「このチェンジができないのも、やっぱり英語ができないからだと思うんです。外の情報を得られないから。世界の当たり前が入ってこないから」

留学カウンセラーの染野さんが語っていたのは、英語が実際にポテンシャルを高めてくれる、ということだ。

「TOEIC280点でワーホリに行き、それをきっかけに今はオーストラリアで正看護師になっている人がいます。英語力はまったくなかったんですが、2年間のインターンシップのプログラムに参加して、今は外資系企業で英語を使いながら仕事をしている人がいます。日本で看護師だったんですが、日本からドクターと一緒に飛行機に乗って海外に行き、患者さんを飛行機に乗せて連れて帰ってくる国際医療搬送に携わるようになった人もいます」

英語ができるようになったことで、人生に大きな選択肢を得ることができたということだ。もし、英語ができなかったら、彼女たちにはその選択はなかった。

そして英語がもたらしてくれたものについて別の視点から語ってくれたのが、看護師の山本さんだ。

「大学に入るための英語の試験をクリアするのは、本当に大変でした。正看護師になるときにも、英語のテストが必要になります。ここで、躓いてしまう人が多い。落ちると自信をなくすし、とてもつらい思いをしなければいけませんが、逆にパスできたら大きな自信が手に入るんです。そして実際、不自由なく患者さんや同僚、ドクターとも話せるようになっていきます」

英語がもたらしてくれるのは、自信なのだ。そして、英語は一生勉強を続けなければいけないものだともわかったという。山本さんは費用を節約するためにＩＥＬＴＳの試験のための学校には行かず、図書館やインターネットを使って、すべて独学で勉強したという。

一方で、英語に関しては、ＳａｚａｅのＭさんのこんな声も。

「こんな英語でいいんだ、という気づきがありました。妻の母はチリ移民ですが、移民の人たちも、ネイティブじゃなくても自信を持って面と向かって口論もするんです。そういうのを見ていると、なんで自分がそんな英語の正確さとか文法とかにこだわってるんだろう、と。不完全な英語でもいいいんだと実感を得られたのは、ありがたい経験でした」

得られること7

## 心地よい人間関係を知ることができる

これは英語とも関係しているが、働くことを通じて心地よい人間関係を実感したという声も多かった。大学院から現在はローカルのＩＴベンチャーで働く清野さんはこう語る。

「コミュニケーションの取り方がいいですね。日本の難しさは、日本語という特性上、いろんな表現ができてしまうことです。例えば、『これをやっておいてください』というフレーズは、『これ、やっといて』とも言えるわけですよね」

ともすれば、言い方ひとつで印象を悪くしてしまいかねない。これが、日本語のコミュニケーションのストレスだったと知ったという。

「英語には、もちろんトーンはありますけど、日本語のような複雑さはありません。言葉を解釈するときに、いちいちストレスがかからないのは、英語のいいところだと思います」

そしてオーストラリアで感じるのは、上司も同僚もフラットでナチュラル、そしてとても和やかな人が多いことだという。

「人に何かを頼むときの礼儀はしっかり教えられているようです。この点は、日本よりも気を遣ってもらっている印象です。口調もやさしいので、コミュニケーションを取るときに、ストレスがかかりづらい。私も、誰かに何かを頼むときには、必ず〝Please〟をつけるようにしています」

Sazaeの溝尻さんも、オーストラリアに来てローカルの会社で働いて実感したことがあったという。

「理不尽なことが少ないですね。日本のように意味のない残業はありませんでしたし、とてもロジカルです。上下関係はライトで、上司もとてもフランクです。英語なので、下の名前で呼び合う、というのも大きいかもしれないですね」

語学学校MITのスタッフKITさんは、アメリカの大学を出て、日本でアメリカ人の上司のもとで外資系ホテルの仕事をしていた。

「アメリカも自由ですから、あまり人を縛ったりしないんですよ。上下関係はゆるやかで、いわゆる縦の社会がない。その人はその人だ、と尊重しますよね。オーストラリアはいろんな文化が混ざっているので、もっと自由です。自分の思うようにやっていける、という印象があります」

そして、上司は部下のプライベートも尊重する。ちなみにパワハラやセクハラは、あっという間に訴えられてしまうそうだ。逆にいえば、相当に優秀で人格も備わっていなければ、マネージャーにはなれない、ということかもしれない。

## 得られること8

# 外国人の友達も、日本人の友達もできる

これも最大の魅力の一つかもしれない。外国人の友達ができることだ。ワーホリには、世界中から若者がやってくる。また、オーストラリアには、語学を学びに来る若者も多い。同じ職場になって仲良くなる場面は当然ながら出てくる。

先にも触れたが、世界中に友達ができて、ワーホリを終えた後に、その友人たちを訪ねる旅をする人もいるそうだ。また、一生の友達として、その後も交流を深めていくというケースは少なくない。

そして外国人の友人ができる最大のメリットは、さまざまな価値観にリアルに触れられることだ。日本以外の国の実情や現実を知ることは、大きな学びにもなる。語学学校ＭＩＴの校長、ＹＯＳＨＩさんがこんな話をしていた。

「スペインから来た講師がいるんですが、オーストラリアの講師の賃金レベルはとても高いんです。自国だと月収で４００米ドルくらいしか稼げないそうですが、彼女はオーストラリア人よりも英語ができるので、時給は60豪ドルなんです」

若者たちがお金を稼げない。だから、スペインでは子どもが家を出る年齢は35歳くらいなのだという。

「35歳までは自立できないんですよ。家にいながら仕事を探したりする。そしてスキルがあれば国を出て、自国にお金を送金するわけです。まさに本当の意味での出稼ぎです。そういう現実を持つ国もあるんです」

こういうリアルも、友達ができれば見えてくるわけだ。日本で生まれたことが、いかに幸運なことか。自分が置かれた立場が、いかに幸せなことか。そんなことにも気づける。もちろん、日本の課題についても。

一方、できるのは実は外国人の友達だけではない。日本では出会うことがなかったかもしれない日本人とも出会えるのだ。アルバイト先が同じになったりすることもあるが、先にも触れたようにオーストラリアにいる日本人が集まるイベントもよく行われている。ＳＮＳでの告知もされているようである。

せっかく海外に来たのだから、英語も話したいし、あえて日本人とは付き合わないようにする、という選択もあるようだが、そうでない人も実は多い。第1章で紹介した看護師の藤田さんもそうだ。

「最初はまったくわからない海外の地で、いきなり外国人の友達をつくれるわけはないですよね。だから、現地で最初にできる友達が日本人になるのは当然だと思っていました。心の安心としては、日本人の友達が一緒にいてくれるのはすごく良かった」

看護師の山本さんもこう語る。

「日本人とは話したくない、話さないようにしようという日本の人もたくさん見てきたんですが、私は日本人だからとか、外国人だからとか、あまり壁をつくらず、本当に心が通じる友人をつくることが大事だと思っていました。つらいときに日本人の友達がいることは、心の支えになりますし、たまに日本語で話せる環境があるのも、心地いいんです」

## 得られること9　日本の良さも、悪さもわかる

これは海外駐在の経験者からもよく聞くことだが、海外に行って、むしろ日本の良さがわかった、という人が多い。海外を見たほうが、むしろ日本を好きになるのだ。バリスタとして働く古河さんは語る。

「日本の良いところを再認識できますよね。やっぱり、何より食べ物がおいしい。原材料、食材、そして料理のクオリティが高いです。それから選択肢の広さ。いろんな料理が食べられるのが、日本ですよね」

日本の生活がいかに便利かにも気づける。

「24時間営業のコンビニなんて、オーストラリアにはありませんので。また、相手を察してあげられる能力の高さとか、日本人特有の優しさもあります」

逆にもちろん、日本の悪さ、歪さもわかる。

窮屈で生きにくい空気は、同調圧力によるものか。人と違うことをしようとすると、残念ながらあまり好意的に受け止められないことが多い。

社会的な成功イメージが固定的で、実はそこに確たる裏付けがない。だから、それを目指してたどりついたのに、意外に幸せを実感できていない人もいる。

日本の未来には夢がないと思っている若い人が多い。かといって、何か踏み出せるようなチャンスはあまりないと感じている。

仕事に求められるプレッシャーは強い。人手不足という名目で、相も変わらず残業をたくさんしている会社は少なくない。

若い人をどう扱っていいかわからず、飲みニケーションもなく、上司たちは困惑している。若い人たちも、会社や上司との距離の置き方に戸惑っている。

あんなふうになってみたい、と思える先輩や上司が少ない。給料に納得がいかない。自分で仕事を選べない。でも、会社を辞められない。

幸せのために生きるのではなく、生きるために生きている人が多いのではないか。だから、自分が思うように生きていない。何かを我慢したり、犠牲にしたりしている人が多い。

これは、さまざまなテーマで数千人の人たちに日本で取材してきた、私の雑感も含まれている。

## 得られること10　夢がかなう！　人生を変えられる！

ワーホリで夢をかなえた、という人は現実にいる。ただ、もしかするとそれは、可視化できていなかった夢かもしれない。なぜなら、夢は知識だからだ。知らないことを夢見ることはできない。

大リーグという存在を知らなければ、イチロー選手も大谷翔平選手も、海を渡ることはなかっただろう。ドイツのスポーツカーのブランドを知らなければ、それを手に入れることが夢になることはない。

ワーホリに行くことによって、ずっと海外に暮らしたいと思うようになった。これは、ワーホリに行ったからこそ、見ることができた夢だろう。

また、ワーホリに行くことで結婚を果たしたという人もいる。外国人だったり、永住権を持っている日本人だったり。実際に話を聞いたが、それを目指して行ったわけではない。現地で過ごしているうちに、夢は現実となって突然、現れたのだ。

ワーホリで最初に就いたアルバイト先で、恋人に出会ったという人もいた。その後、一緒に行動を共にし、一緒に暮らしてもいる。こんなことも、ワーホリがなければ、実現していない。

第1章で紹介した看護師、藤田さんに何が起こったか、ここで詳細を書いておこう。すでに書いたが、藤田さんはオーストラリアでアシスタントナースとして高い時給で働くことができた。月収が日本円で80万円を超えたり、月に50万円も貯金できるようになったことで、自分の中で夢が生まれた。

それが、自分で訪問看護ステーションをつくる、というものだった。

オーストラリアで知った「働きやすい看護師」を実現させながら、英語も活かし、外国人の患者にも対応できるような訪問看護ステーションをつくりたい、と考えるようになっていったのだ。藤田さんは語る。

「訪問看護師は、実は私が看護師を目指した、きっかけとなった職業だったんです。病気を患っている人のお宅に直接、行って、一対一で看護する。そんな仕事に魅力を感じていたんです」

稼げたからこそ見えてきた夢をNHKの『クローズアップ現代』で明かすことになったが、それが人生を大きく動かした。番組を見ていた東京都内のある病院の院長から、インスタグラムを通じて連絡があったのだ。

「驚きました。自分も将来的に国際訪問看護ステーションをつくろうと思っていた。地域で暮らす外国人の患者さんは多いけれど、対応できるところは少ない、だから自分たちでつくっていこうと考えている。国際志向の看護師は珍しいから、もしよかったら一緒にやらないか、と誘っていただいたんです」

２０２３年３月、藤田さんは一時帰国して実際に話を聞くことにした。そして意気投合して、夢が実現することになったのだ。

「私が本当にやりたいことでしたので。すでに先生は国際志向の訪問診療をされていて、外国人の患者さんもたくさんいたんです」

２０２４年の１月からステーションはスタートするという。他にも興味のある人たちが加わり、チームで事業は進んでいく予定だ。

「本当にどこからともなく縁があって」

しかし、すべてはオーストラリアにワーホリに来たことがきっかけだったのだ。

「本当に来てよかったと思っています」

藤田さんは期間を少し残し、ワーホリを終えて日本に帰国する予定だ。

人生は変えられる。本当に変えられるのである。

# おわりに

リクルートワークス研究所が「未来予測2040：労働供給制約社会がやってくる」というレポートを発行している。ウェブサイトで誰でもダウンロードできる。

そこに書かれているのは、日本の驚愕の未来だ。人口減の進む日本は、この先、15〜64歳人口が急激に減っていく。2020年に7509万人だった15〜64歳人口は、2040年には5978万人にまで減る。今からわずか17年後である。

このまま何のソリューションも実施されなければ、とこんな記述がある。抜粋する。

●必要なサービスの水準を低下させざるを得なくなる（人手が足りず訪問介護が受けられない、除雪サービスが提供できず雪の事故が多発、整備が行き届かず道路がボロボロになっていく……）。

●必要な人手が足りないために、サービスが消滅していく（地場産業は後継者がおらず消滅、警察・消防署の維持が困難に……）。

●生活維持サービスを必要に応じて享受できなくなるため、ホワイトカラーも含めて社会のすべての構成員が生活にいっぱいいっぱいになり、「仕事どころではなくなっていく」。

人口統計ほど、間違いのない数字はないと言われる。もはや、状況は待ったなしのところまで来ている。普通に暮らすことすら、ままならなくなるようなことが起こり得るということである。それでも、じっと何もしないまま、指をくわえているのか。それとも、思い切った変革に舵を切るのか。

折しもこの本をつくっているタイミングで、私が書き手として連載している書評「定番読書」(ダイヤモンド・オンライン)で『「超」入門 失敗の本質』(ダイヤモンド社)を取り上げることになったのだが、改めて痛感したことがあった。

それは、日本人は正しい戦略策定をほとんどすることなく、成功体験に基づく「同じ行動」を繰り返してしまう、という習性を持っていることだ。まさにバブル崩壊後の30年とは、その繰り返しではなかったか。

求められているのは、過去の成功体験にとらわれない「新しい行動」である。そしてそれは、「新しい体験」によってしか生まれ得ないのではないか、と改めて思った。

例えば、その一つが海外体験である。しかも、企業派遣で現地駐在員になるのではない。まったくゼロの状態から、自分の力で生き抜いていく。できないところから、言葉をマスターする。これまでの価値観をぶち壊し、新しい自分を獲得する。そんな体験だ。

今回、まさにワーホリに行った人たちが獲得していたのが、そうした「新しい体験」だった。こういう人材が、もっともっと日本に、日本企業に、日本の社会に影響力を高めていってくれれば、日本の地殻変動を大きく後押しできるのではないかと感じた。

もし、それでも日本が変われなかったら、変わる気がなかったなら、没落していくのみ、ということになるのだろう。世界から人材も獲得できず、満足いく生活レベルも維持できず、先進国から脱落していく。

そうなったら、いやそうなる前でさえあっても、変われないことがわかれば、若い人たちは、さっさとこの国に見切りをつければいい。そのためにも、世界で生き抜く力を身につけておいたほうがいい。その力があれば、「選択肢」になる。

リスクを取ってキャリアを中断し、海外でサバイバル体験を持った人たちは、世界のどこでも生きていける。自分を心配することはない。

だが、変われなかった人たちは、変われなかったリスクを背負うことになる。他に「選択肢」がないからだ。

今回の取材でも強く共感したが、「選択肢」がないのが、最もしんどいのだ。

願わくば、日本は変われると信じたい。そのための努力もしていきたい。だが、若い人は「選択肢」を持っておいたほうがいい。どうなるにしても、それは大きな武器になる。

幸い、そうはいっても日本はまだまだ豊かで、世界から信頼をもらえている状況にある。先進国の一員なのだ。

今こそ、先代の残してくれたこの遺産を使うべきときだ。しかも、最大限に。

若者よ、今こそ海外に出よう。


最後になったが、本書の制作にあたっては、多くの方々のご協力をいただいた。ワールドアベニュー社からは、松久保社長はじめインタビューにご協力をいただき、ワーキングホリデーの実践者、経験者をはじめ、多くの関係者の方をご紹介いただくことができた。この場を借りて、感謝申し上げたい。

本書が、日本の未来に、若者たちの未来に、少しでもお役に立てますことを。

2023年9月

上阪　徹

【著者紹介】
**上阪　徹**（うえさか　とおる）
ブックライター。1966年、兵庫県生まれ。早稲田大学商学部卒業。ワールド、リクルート・グループなどを経て、1994年、フリーランスとして独立。経営、金融、ベンチャー、就職などをテーマに、雑誌や書籍、Webメディアなどで幅広くインタビューや執筆を手がける。これまでの取材人数は3000人を超える。他の著者の本を取材して書き上げるブックライター作品は100冊以上。2014年より「上阪徹のブックライター塾」を開講している。累計40万部のベストセラーとなった『プロ論。』（徳間書店）シリーズ、『外資系トップの仕事力』（ダイヤモンド社）シリーズなど、インタビュー集も多数。著書は、『1分で心が震えるプロの言葉100』（東洋経済新報社）、『マインド・リセット』（三笠書房）、『引き出す力』（河出書房新社）、『子どもが面白がる学校を創る』（日経BP）、『成城石井　世界の果てまで、買い付けに。』（自由国民社）など。

安いニッポンからワーホリ！
最低時給2000円の国で夢を見つけた若者たち

2023年11月14日発行

著　者──上阪　徹
発行者──田北浩章
発行所──東洋経済新報社
〒103-8345　東京都中央区日本橋本石町 1-2-1
電話＝東洋経済コールセンター　03(6386)1040
https://toyokeizai.net/

装　丁…………萩原弦一郎（256）
ＤＴＰ…………アイランドコレクション
印　刷…………港北メディアサービス
製　本…………積信堂
編集担当………水野一誠

ISBN 978-4-492-22415-1